Lesson 4

코딩 놀이 4(엔트리 2.X) 자료 다운로드 방법

다음 페이지

렉스미디어 자료 다운로드 방법

1 렉스미디어 홈페이지(http://www.rexmedia.net)에 접속한 후 **[자료실]-[대용량 자료실]**을 클릭합니다.

2 렉스미디어 자료실 페이지가 표시되면 **[영재스쿨] 폴더를 클릭**합니다.

3 영재스쿨 관련 페이지가 표시되면 **[코딩놀이(4)엔트리2.X.zip]** 파일을 클릭합니다.

렉스미디어 자료 다운로드 방법

4 파일 다운로드가 완료되면 [폴더에 표시]를 클릭합니다.

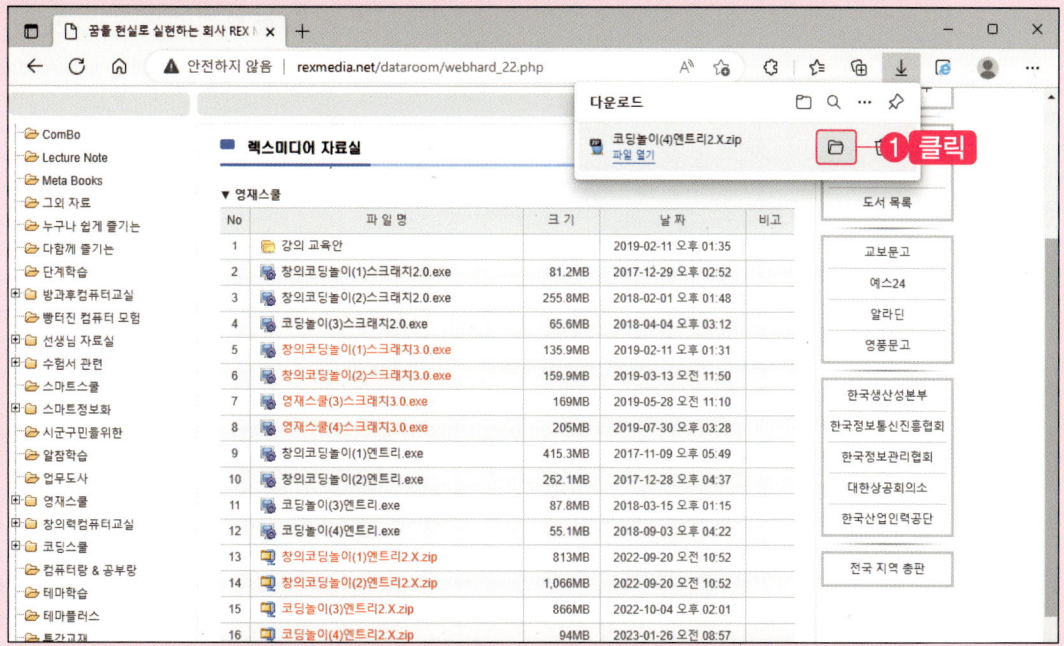

5 파일 탐색기가 실행되면 파일을 압축 해제한 후 코딩놀이(4)엔트리2.X 자료를 확인합니다.

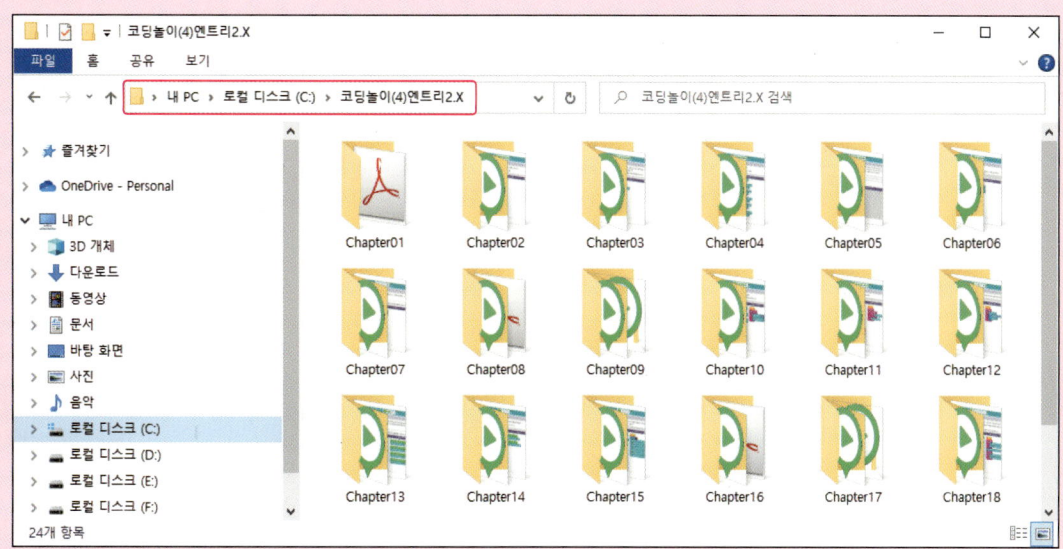

> 장별로 제공되는 폴더에는 예제 및 완성 파일과 함께 '창의력 향상문제'의 정답 등이 포함되어 있습니다.

엔트리 오프라인 다운로드 및 설치하기

엔트리 프로그램은 엔트리 사이트에서 직접 실행하거나 오프라인 프로그램을 다운로드 받아 컴퓨터에 설치하여 실행할 수 있는 2가지 방법이 있습니다.

엔트리 오프라인 다운로드하기

1 엔트리 사이트(http://playentry.org)에서 마우스 포인터를 메뉴 화면으로 이동한 후 메뉴 목록에서 **[다운로드]**를 클릭합니다.

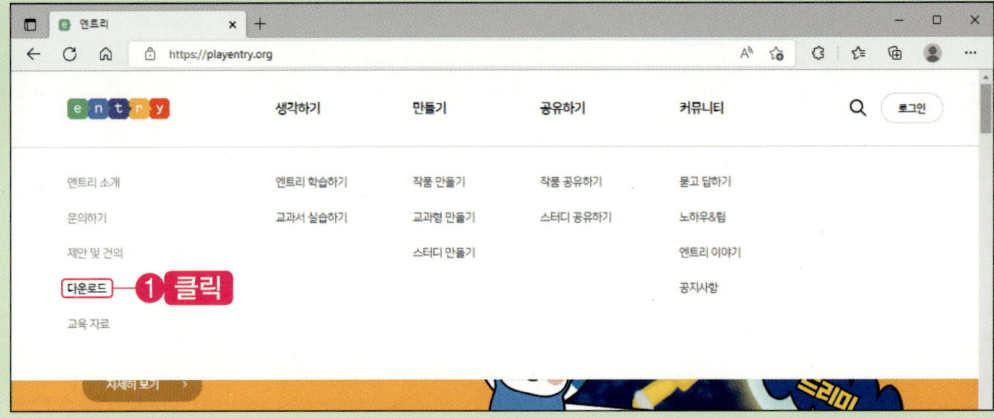

2 **[엔트리 오프라인 프로그램]** 다운로드 화면이 표시되면 컴퓨터 운영체제 버전에 따른 시스템 종류의 **[다운로드]**를 클릭한 후 다운로드가 완료되면 화면 오른쪽에 위에 표시된 **[파일 열기]**를 클릭합니다.

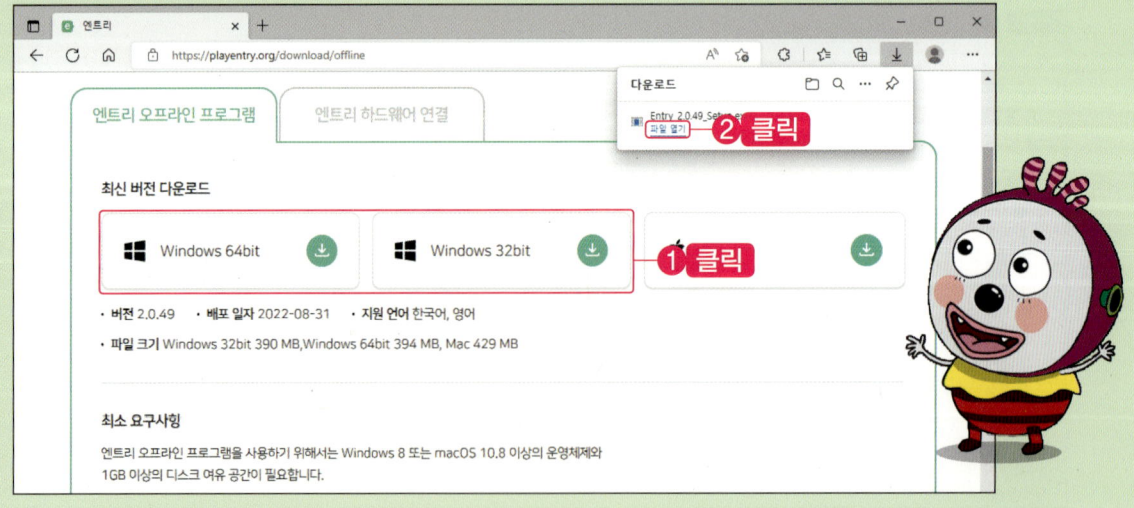

> **Tip**
>
> **내 컴퓨터의 시스템 종류 알아보기**
> ⊞[시작]-⚙[설정]을 클릭한 후 [시스템]을 클릭하여 이동한 다음 [정보]를 클릭합니다.

엔트리 오프라인 다운로드 및 설치하기

엔트리 설치하기

1 [엔트리 설치] 대화상자의 설치 마법사 화면이 표시되면 구성 요소 선택 화면에서 **[다음]** 단추를 클릭한 후 설치 위치 선택 화면에서 **[설치]** 단추를 클릭합니다.

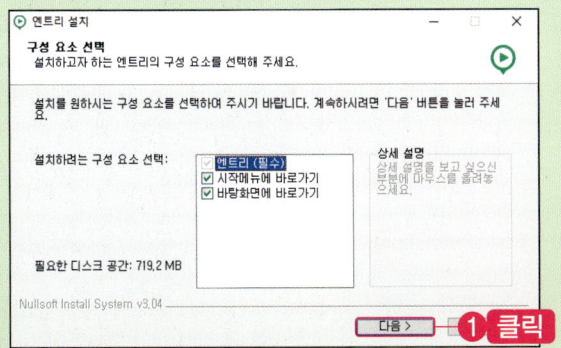
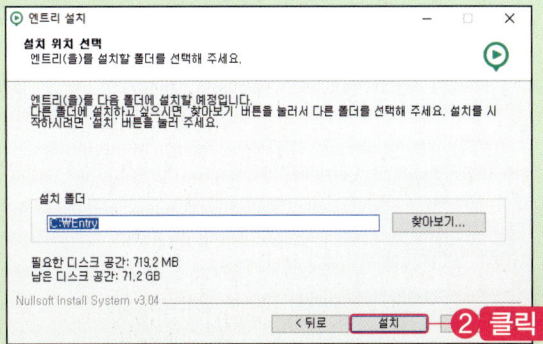

2 설치 과정이 완료되면 **[다음]** 단추를 클릭한 후 엔트리 설치 완료 화면에서 **[마침]** 단추를 클릭하여 설치를 종료합니다.

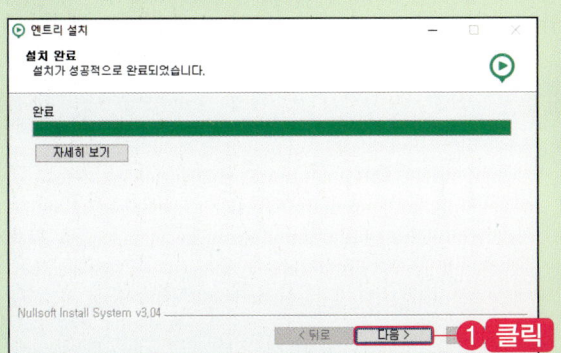
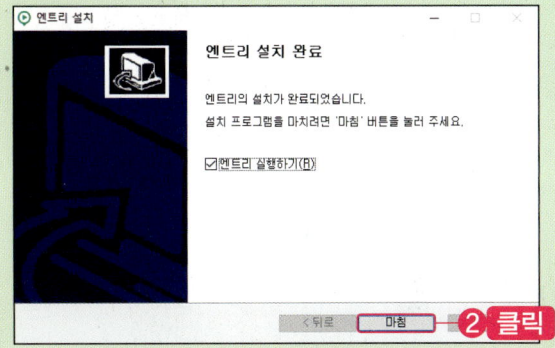

Tip

컴퓨터에 설치된 엔트리 프로그램 실행하기

바탕 화면의 엔트리 아이콘(▶)을 더블클릭하거나 [시작] 단추에서 엔트리 프로그램 이름을 클릭하여 실행합니다.

온라인을 이용한 엔트리 실행하기

온라인에서 엔트리 프로그램을 직접 실행할 경우 웹 브라우저를 크롬에서 실행하는 것을 권장합니다. 크롬 설치는 구글 크롬 다운로드 페이지(www.google.com/chrome)에 접속하여 [Chrome 다운로드] 단추를 클릭한 후 약관에 동의하고 설치 과정을 진행합니다.

❖ 본 교재에서는 '온라인을 이용한 엔트리 실행하기'를 기준으로 설명함.

이 책의 차례

Chapter 01	해바라기를 찾아 미로 여행하기	10
Chapter 02	줄다리기 게임 만들기	16
Chapter 03	타이머를 이용한 줄다리기 게임	24
Chapter 04	우주 전투기 만들기	30
Chapter 05	펭귄의 얼음나라 여행하기	36
Chapter 06	물고기를 잡는 상어 만들기	42
Chapter 07	고기잡이 배 만들기	48
08 종합 활동		54
Chapter 09	가위바위보 게임 만들기	56
Chapter 10	뱀을 피하는 개구리 게임 만들기	62
Chapter 11	자동차를 피하는 개구리 게임 만들기	68
Chapter 12	공차기 게임 만들기	74
Chapter 13	승부차기 게임 만들기	80
Chapter 14	떨어지는 책 피하기	86
Chapter 15	하늘에서 떨어지는 음식 먹기	92
16 종합 활동		98
Chapter 17	함수를 이용한 도형 그리기	100
Chapter 18	잠자리 비행기 만들기	106
Chapter 19	박쥐의 동굴 탐험하기	112
Chapter 20	당구 게임 만들기	118
Chapter 21	활쏘기 게임 만들기	124
Chapter 22	클레이사격 게임 만들기	130
Chapter 23	사격 점수 올리기 게임 만들기	136
24 종합 활동		142

엔트리 프로그램의 화면 구성

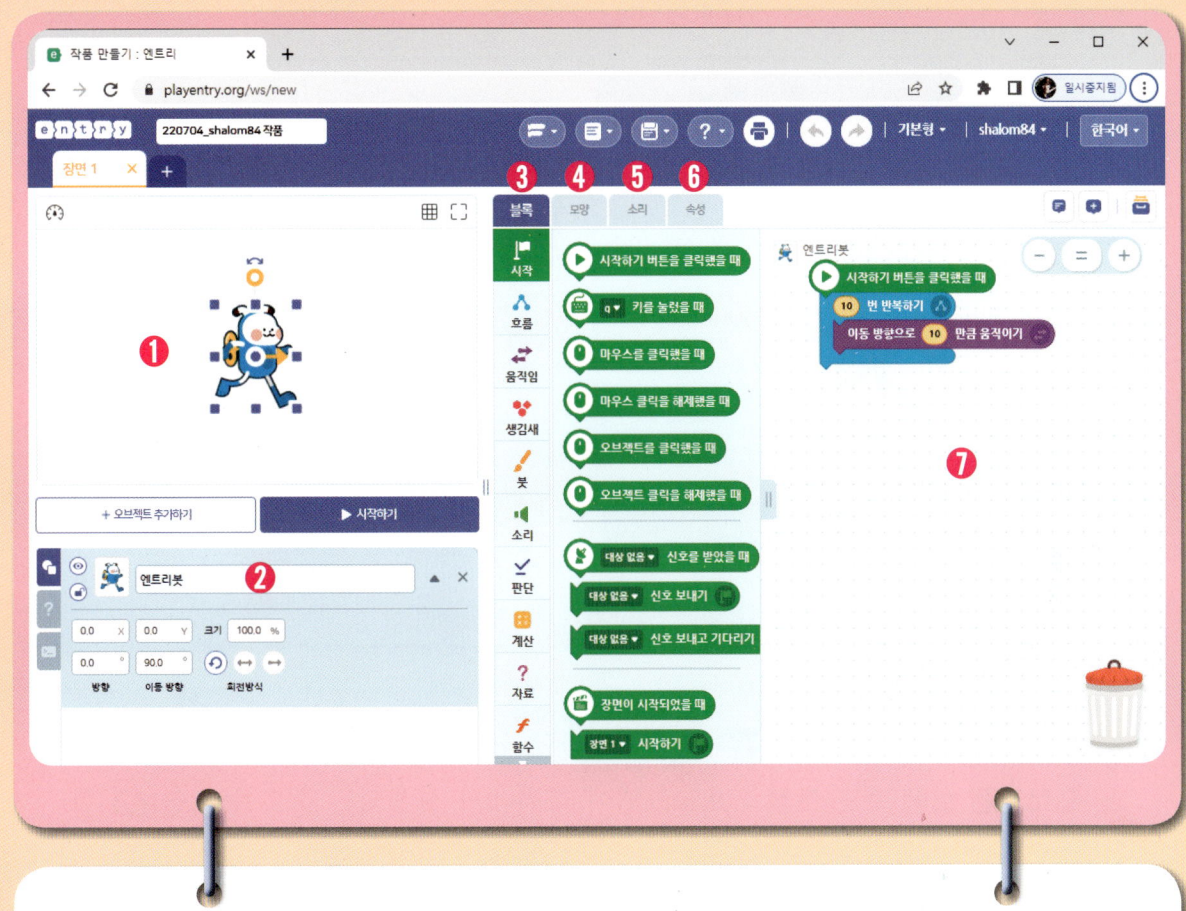

1. **무대** : 프로그램이 실행되는 화면으로 장면의 추가(➕) 및 삭제(✖)와 속도 조절(⚙), 좌표 표시(⊞)/숨기기(⊞), 확대/축소, 시작하기/중지하기 등을 할 수 있습니다.

2. **오브젝트** : 무대에 표시하는 오브젝트 개체 목록 및 배경을 표시하며, 오브젝트 추가 및 오브젝트의 정보 수정, 삭제(✖) 등을 할 수 있습니다.

3. **블록** : 실행할 명령어 블록들을 꾸러미 형태로 표시합니다.

4. **모양** : 오브젝트의 모양을 표시하며, 추가 및 삭제할 수 있습니다.

5. **소리** : 오브젝트에 지정된 소리 목록을 표시하며, 추가 및 삭제할 수 있습니다.

6. **속성** : 엔트리에서 사용하는 변수 및 신호, 리스트, 함수 등을 표시 및 추가/삭제할 수 있습니다.

7. **블록 조립소** : 엔트리의 블록 명령어들을 이용하여 블록 조립소에서 서로 연결하여 프로그램을 코딩할 수 있습니다.

엔트리 프로그램의 화면 구성

장면 창 엔트리 프로그램에 대한 실행 결과를 확인할 수 있는 공간입니다.

❶ **장면 추가** : 장면을 추가(+) 및 삭제(×)할 수 있습니다.

❷ **프로그램 실행 속도 조절** : 프로그램이 화면에서 실행되는 속도를 조절(🕐)합니다.

❸ **격자/좌표계** : 화면에 격자 및 좌표계를 표시합니다.

❹ **장면 확대** : 화면을 확대(⛶)하며 확대 화면에서 축소(⛶)를 클릭하여 이전 크기로 바꿀 수 있습니다.

❺ **오브젝트 추가하기** : 새로운 오브젝트를 화면에 추가할 수 있습니다.

❻ **시작하기** : 오브젝트를 대상으로 블록 조립소에서 조립한 프로그램 코딩을 실행 화면에 표시합니다.

❼ **오브젝트** : 오브젝트란 화면에 표시된 개체를 의미하며, 처음 실행시 기본적으로 '엔트리봇' 개체가 표시됩니다.

엔트리 프로그램의 화면 구성

오브젝트 창 프로젝트 파일의 오브젝트 목록을 확인할 수 있는 공간입니다.

❶ **오브젝트 보이기/숨기기** : 오브젝트를 화면에 보이거나 숨기기를 할 수 있습니다.

❷ **오브젝트 잠그기/풀기** : 오브젝트를 수정하거나 움직이지 않도록 잠금 또는 잠금 해제할 수 있습니다.

❸ **오브젝트의 정보 창** : 오브젝트의 이름, 좌표, 크기, 방향, 이동 방향, 회전방식 등을 수정하거나 삭제할 수 있습니다.

블록 꾸러미 블록 꾸러미는 [블록], [모양], [소리], [속성] 탭으로 구성되며, 오브젝트를 동작하는 명령어 블록과 오브젝트 모양을 변경, 소리 설정 등의 작업을 진행할 수 있는 공간입니다.

❶ **블록** : 오브젝트를 움직일 수 있는 다양한 명령어 블록을 [시작], [흐름], [움직임], [생김새], [붓], [소리], [판단], [계산], [자료], [함수], [하드웨어] 꾸러미로 구분하며, 꾸러미 이름을 클릭하면 꾸러미 안의 블록 목록을 표시하고 한번 더 클릭하면 블록 목록을 숨길 수 있습니다.

❷ **모양** : 오브젝트의 모양 추가, 이름 수정, 순서 변경, 복제, 편집 등의 작업을 수행할 수 있습니다.

❸ **소리** : 오브젝트의 소리 효과음을 추가 및 삭제하며, 추가된 소리를 확인할 수 있습니다.

❹ **속성** : 코드에 관여하는 변수 및 신호, 리스트, 함수 등을 추가 및 삭제할 수 있습니다.

Chapter 01 해바라기를 찾아 미로 여행하기

오늘의 놀이
- code.org에서 컴퓨터 기초 과정을 배워봅니다.
- 단계별 프로젝트를 진행하면서 코딩의 원리를 배워봅니다.

미리보기

핵심포인트

[11단계] 핵심 블록 알아보기

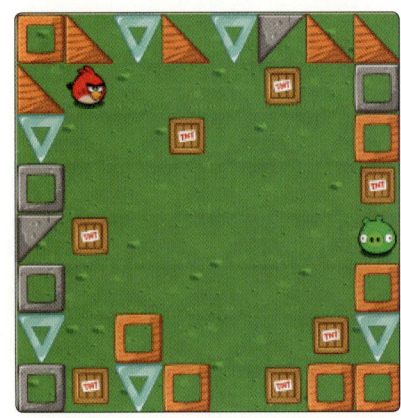

❶ 돼지에게 도착할 때까지 아래의 기능을 실행합니다.
– 앞으로 이동합니다.
– 오른쪽으로 회전합니다.
– 3번 반복하여 앞으로 이동합니다.
– 왼쪽으로 회전합니다.
– 5번 반복하여 앞으로 이동합니다.

단계별 미로 여행하기

1 인터넷을 실행하고 '**http://code.org**'를 **입력**하여 연결한 후 **[학생들]**을 **클릭**합니다.

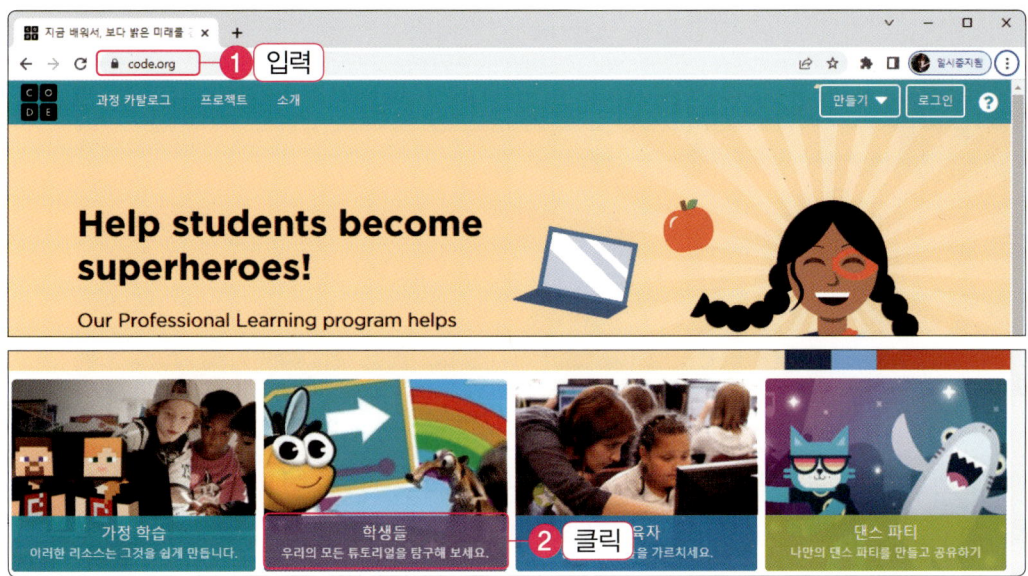

2 학생들 화면이 표시되면 초등학교 고학년용 과정의 **[과정C]**를 **클릭**합니다.

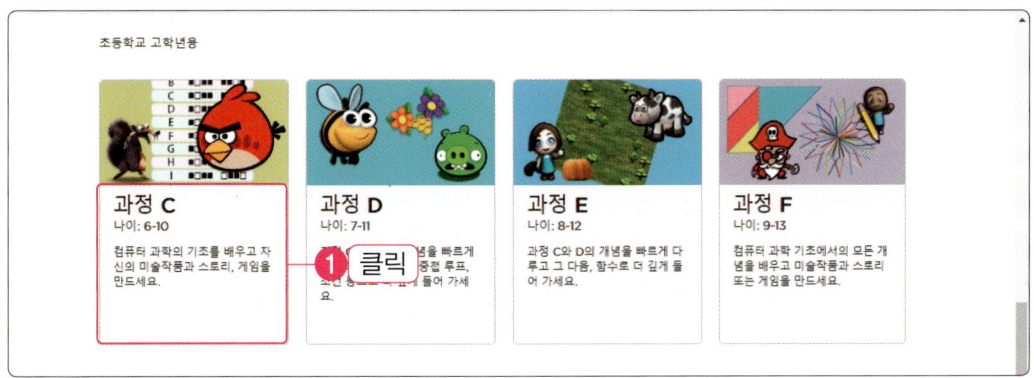

3 [과정C] 화면이 표시되면 2.미로 내 프로그래밍 항목의 **2단계**를 **클릭**합니다.

4 소개 항목의 메시지가 표시되면 내용을 읽어 본 후 **[확인] 단추를 클릭**합니다.

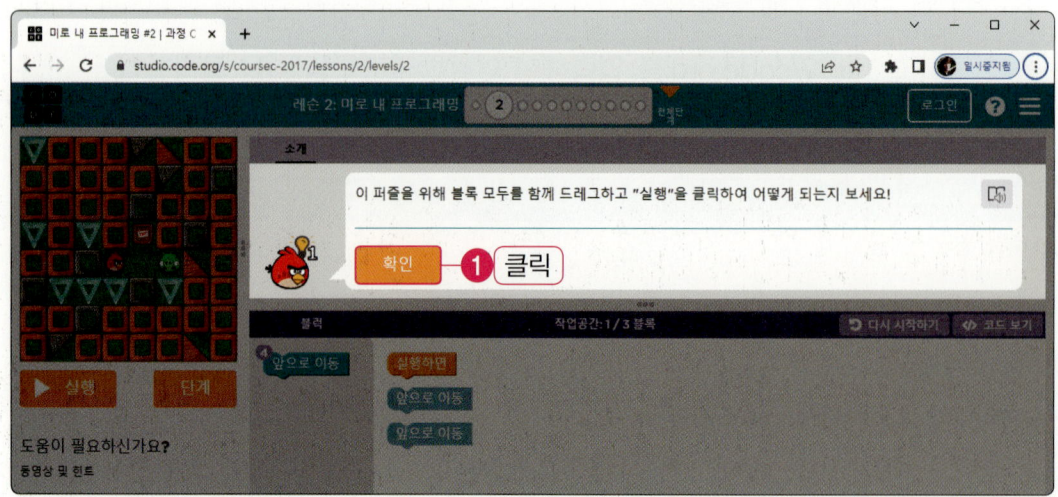

5 실행 화면의 화난새가 돼지에게 가도록 [블럭] 꾸러미의 블록을 이용하여 작업 영역에 **블록을 코딩**한 후 **[실행] 단추를 클릭**, 화난새가 돼지에게까지 이동하는지 확인합니다.

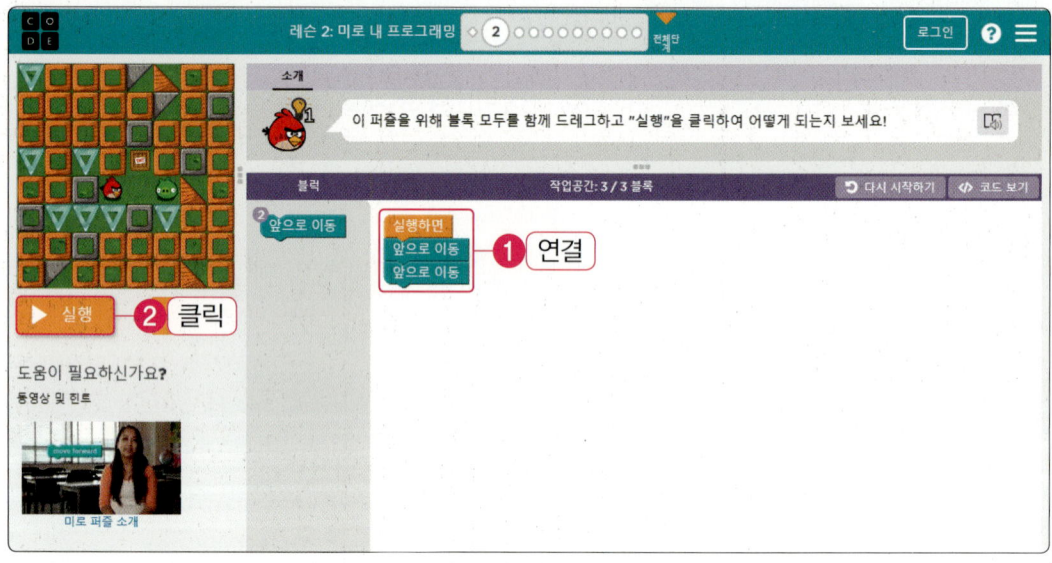

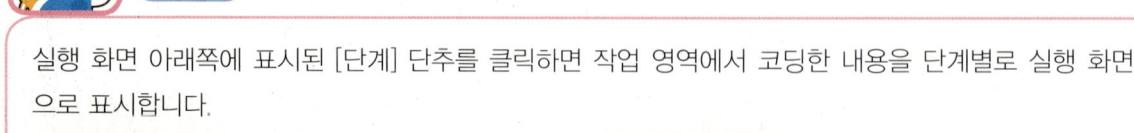

단계별 코딩 실행하기

실행 화면 아래쪽에 표시된 [단계] 단추를 클릭하면 작업 영역에서 코딩한 내용을 단계별로 실행 화면으로 표시합니다.

6 축하 메시지와 함께 퍼즐이 모두 완성되면 **[계속하기] 단추를 클릭**하여 다음 단계를 진행합니다.

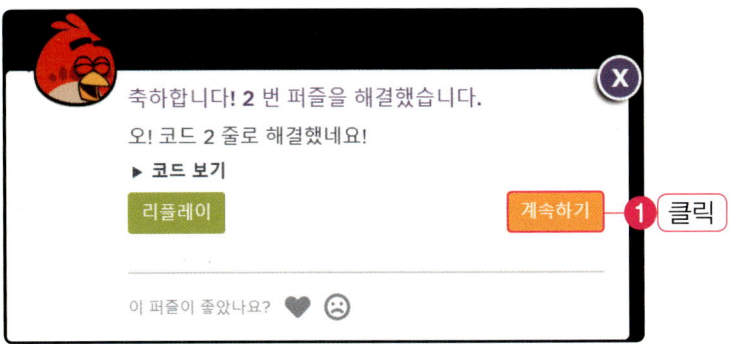

7 같은 방법으로 [레슨 2: 미로 내 프로그래밍] 항목의 모든 과정을 코딩하여 블록 코딩을 배워봅니다.

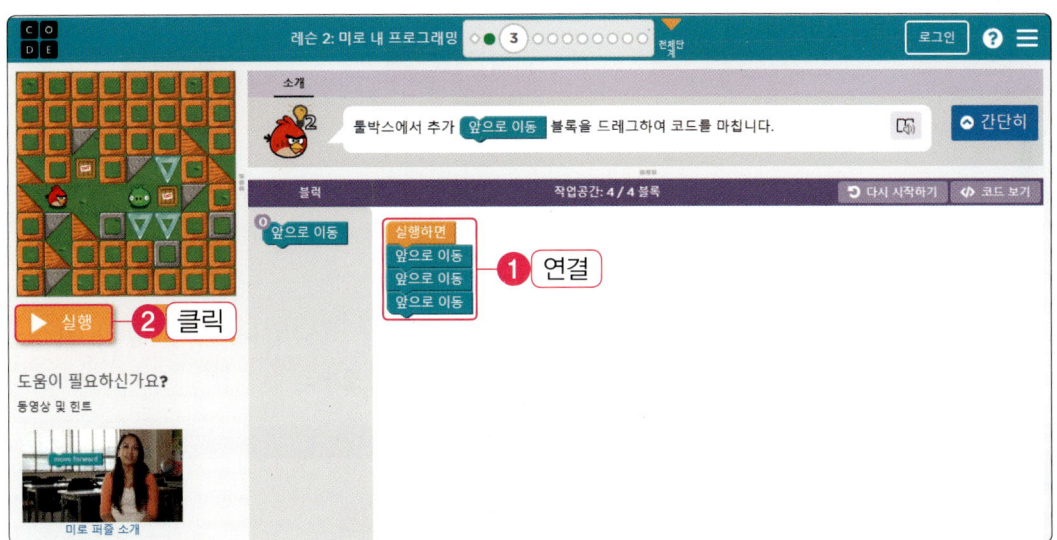

Tip · JavaScript의 코드 보기

화면의 오른쪽에 표시된 [</> 코드 보기] 단추를 클릭하면 JavaScript를 이용한 프로그램 코딩 내용으로 바꾸어 표시하며, JavaScript 프로그램을 이용한 명령어 코딩 방법을 배울 수 있습니다.

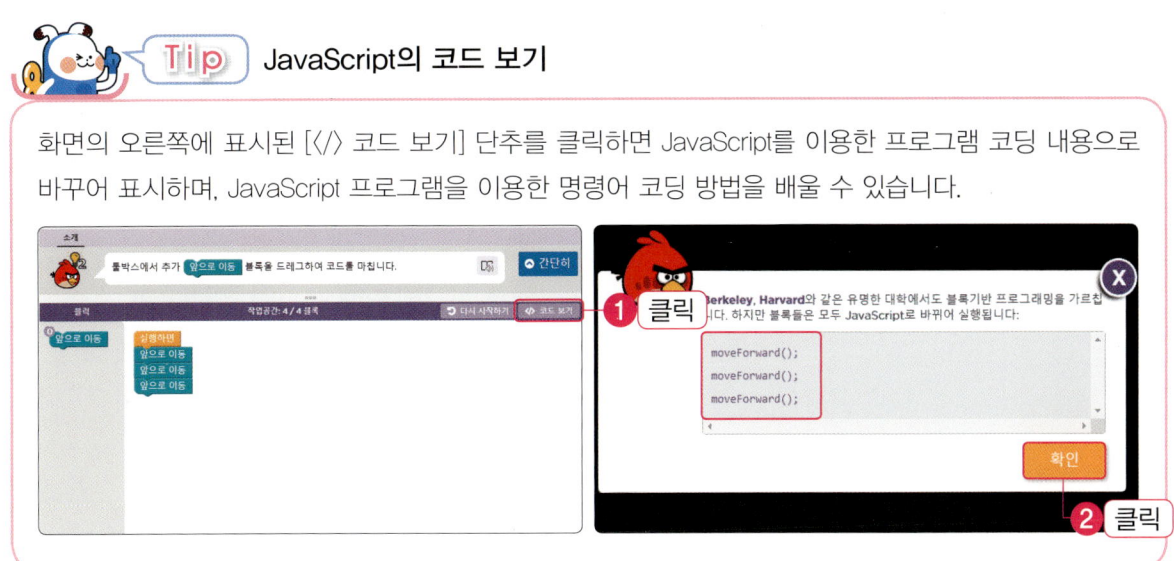

창의력 UPgrade

과정C [레슨5: 수집가 내 프로그래밍 ▶ 2단계]

1 모험가 라우엘이 보물을 얻기 위해 작업 공간에 작성한 코딩입니다. 4개의 보물을 모두 얻기 위해 작업 공간의 코딩에 포함시켜야 할 블록은 무엇일까요?

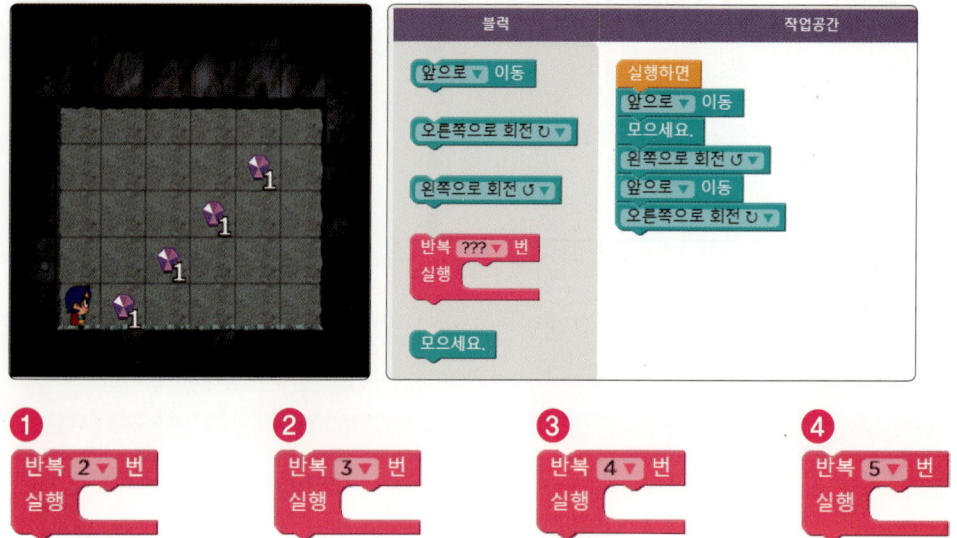

과정C [레슨5: 수집가 내 프로그래밍 ▶ 3단계]

2 모험가 라우엘이 보물을 얻기 위해 작업 공간에 작성한 코딩입니다. 코딩의 완성을 위해 반복하기 블록 안에 넣어야 하는 블록은 무엇일까요?

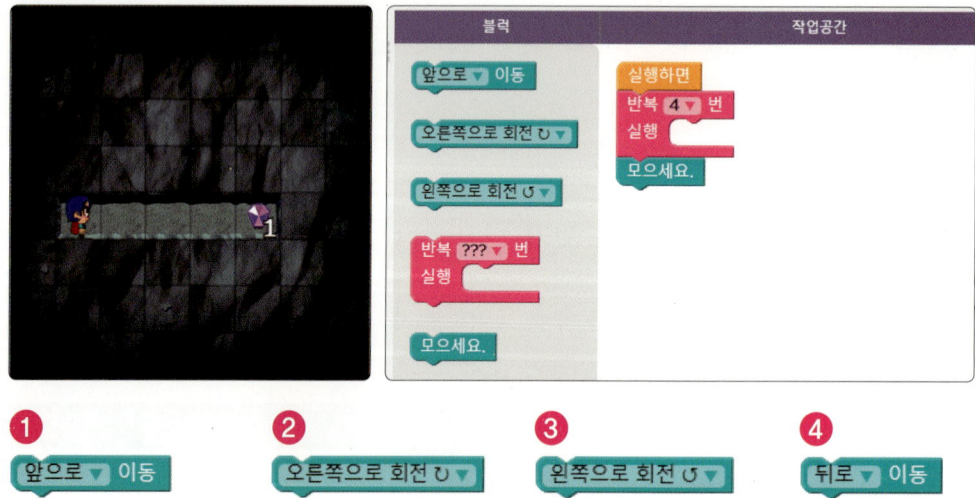

과정C　[레슨5: 수집가 내 프로그래밍 ▶ 9단계]

3 모험가 라우엘이 보물을 얻기 위해 작업 공간에 작성한 코딩입니다. 3개의 보물을 모두 얻기 위해 작업 공간의 코딩에 포함시켜야 할 블록은 무엇일까요?

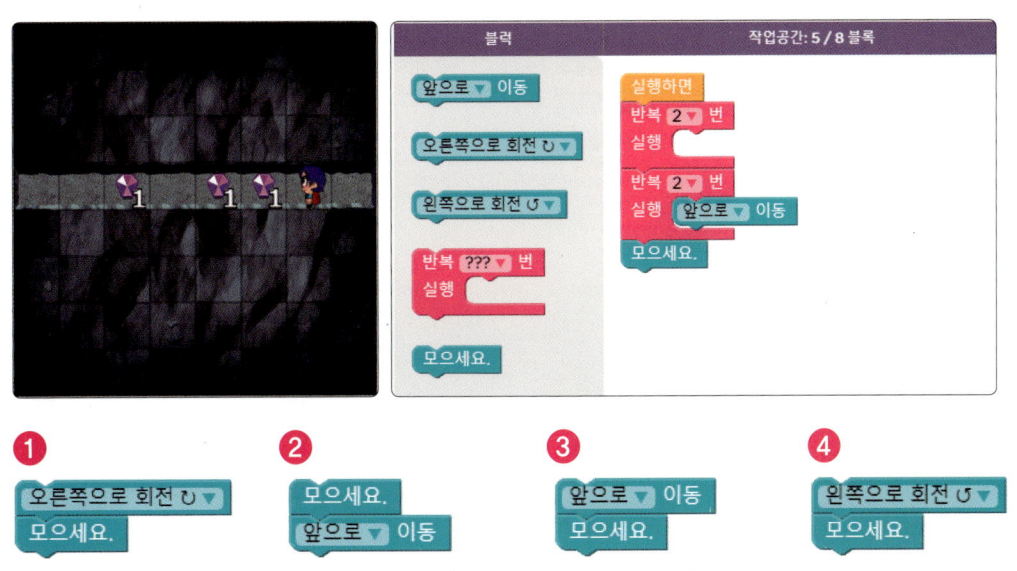

과정C　[레슨5: 수집가 내 프로그래밍 ▶ 12단계]

4 모험가 라우엘이 보물을 얻기 위해 작업 공간에 작성한 코딩입니다. 코드가 끝까지 실행되면(오류를 무시하고) 라우엘은 몇 개의 보물을 얻을 수 있을까요?

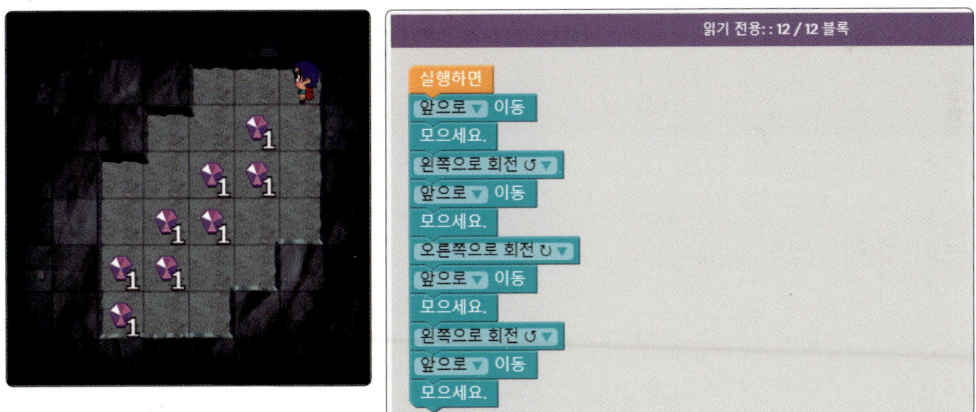

❶ 라우엘은 4개의 보물을 얻게 됩니다.
❷ 라우엘은 보물이 없는 곳에서 보물을 모으려 하여 오류가 발생합니다.
❸ 라우엘은 보물 모두를 모을 것입니다.
❹ 잘 모르겠습니다.

Chapter 02

줄다리기 게임 만들기

오늘의 놀이
- 엔트리 파일을 불러오는 방법을 배워봅니다.
- 오브젝트의 추가 및 변경 방법을 배워봅니다.
- 블록을 연결하고 실행하는 방법을 배워봅니다.

 놀이 규칙 (2인용 게임)

- 한돈 선수 : 키보드의 왼쪽 화살표(←)키를 눌러 줄을 왼쪽으로 잡아당긴다.
- 한우 선수 : 키보드의 오른쪽 화살표(→)키를 눌러 줄을 오른쪽으로 잡아당긴다.
- 한돈 선수가 왼쪽 벽에 닿거나 한우 선수가 오른쪽 벽에 닿았을 때 승패를 가린다.

중첩 반복하기로 농부의 수확하기

1. http://code.org의 [학생들]을 클릭합니다.
2. [과정C]를 클릭한 후 [10: 수확인 내 루프]의 1단계를 클릭합니다.
3. 화면 위쪽 설명을 이해한 후 블록을 이용, 작업 영역에 코딩을 연결하여 실행해 봅니다.
4. 1단계부터 12단계까지 단계별로 과정을 진행합니다.

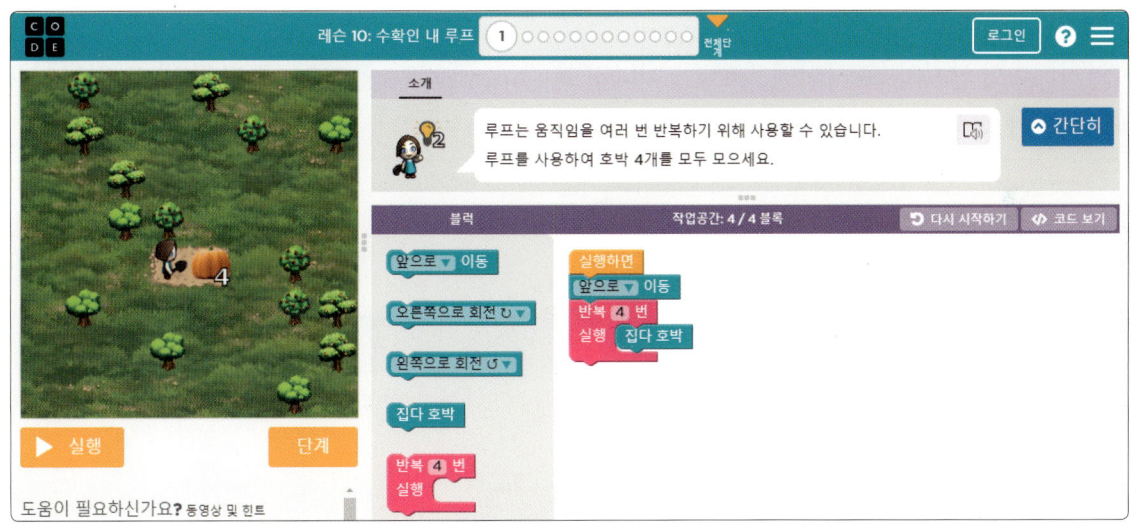

[4단계] 핵심 블록 알아보기

❶ 6번 반복하여 옥수수를 집습니다.
❷ 3번 반복하여 호박을 집습니다.

02장 · 줄다리기 게임 만들기 **17**

Step 01 엔트리 파일 열기 및 오브젝트 불러와 수정하기

1 엔트리 프로그램을 실행한 후 [파일]-[오프라인 작품 불러오기] 메뉴를 클릭합니다.

2 [열기] 대화상자가 표시되면 [코딩놀이(4권)▶Chapter02] 폴더의 '줄다리기' 파일을 선택한 후 [열기] 단추를 클릭합니다.

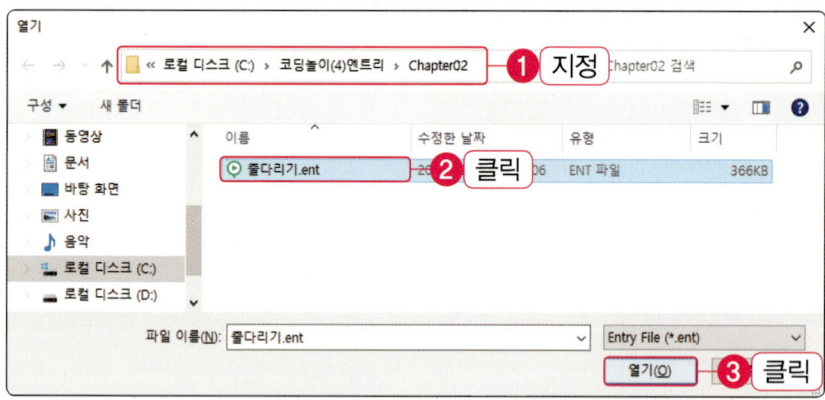

3 '줄다리기.ent' 파일이 열리면 오브젝트를 추가하기 위해 [오브젝트 추가하기]를 클릭합니다.

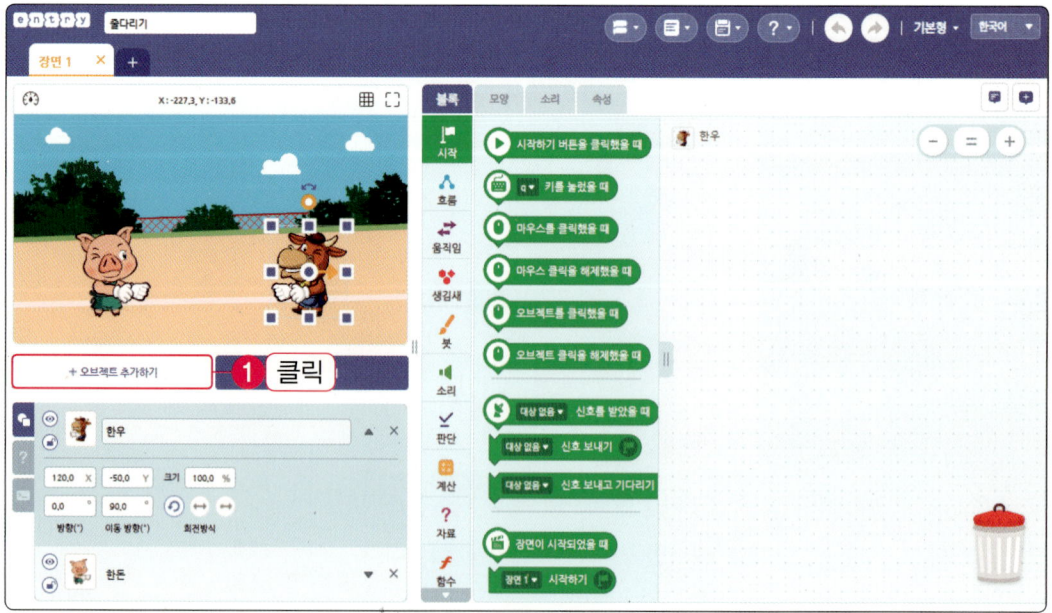

4 [오브젝트 추가하기] 대화상자가 표시되면 [오브젝트 선택] 탭에서 원하는 **오브젝트(밧줄)를 선택**한 후 **[추가하기] 단추를 클릭**합니다.

5 밧줄 오브젝트가 추가되면 **위치(x(0), y(-75), 크기(140), 방향(45°), 이동 방향(45°)** 등을 수정합니다.

 실행 창에서의 오브젝트 개체 수정하기

실행 창에 표시된 오브젝트 개체를 선택한 후 크기 조절(■) 및 회전(○), 개체 안에서 드래그하여 이동할 수 있으며, 개체의 중심점(●) 이동 및 이동 방향(→) 변경 등을 할 수 있습니다.

Step 02 방향키에 따른 밧줄의 움직임 만들기

1 밧줄 오브젝트를 선택한 후 [블록] 탭의 [시작] 꾸러미에서 `q▼ 키를 눌렀을 때` 블록을 드래그하여 블록 조립소 영역으로 이동한 다음 `q▼`를 클릭, 키보드 목록에서 [왼쪽 화살표]를 클릭하여 `왼쪽 화살표▼ 키를 눌렀을 때` 블록으로 수정합니다.

2 [움직임] 꾸러미의 `이동 방향으로 10 만큼 움직이기` 블록을 드래그하여 블록 조립소 영역에 표시된 `왼쪽 화살표▼ 키를 눌렀을 때` 블록과 서로 연결한 후 입력값(-2)을 수정합니다.

3 같은 방법으로 [시작] 및 [움직임] 꾸러미 등을 이용하여 오른쪽 화살표(→)를 누르면 오른쪽 방향으로 2만큼 이동하도록 블록을 코딩합니다.

4 한우 오브젝트를 클릭한 후 [시작] 및 [움직임] 꾸러미 등을 이용하여 **왼쪽 화살표(←)** 및 **오른쪽 화살표(→)**를 눌렀을 때의 이동을 코딩합니다.

5 같은 방법으로 **한돈 오브젝트를 클릭**한 후 [시작] 및 [움직임] 꾸러미 등을 이용하여 **왼쪽 화살표(←) 및 오른쪽 화살표(→)**를 눌렀을 때의 이동을 코딩합니다.

 코딩 복사하기

복사할 블록 코딩 중 가장 위쪽 블록에서 마우스 오른쪽 단추를 눌러 바로 가기 메뉴의 [코드 복사] 메뉴를 클릭한 후 붙여넣을 오브젝트를 선택, 블록 조립소의 붙여 넣을 공간에서 마우스 오른쪽 단추를 눌러 바로 가기 메뉴의 [붙여넣기]를 클릭하면 복사한 블록 코딩을 붙여넣을 수 있습니다.

Step 03 승패 결정 만들기

1 한우 오브젝트의 [블록] 탭에서 [시작] 및 [흐름], [생김새] 꾸러미 등을 이용하여 블록 조립소에 **오른쪽 벽에 닿았을 경우 '이겼다!'를 2초 동안 말하도록 블록을 코딩**합니다.

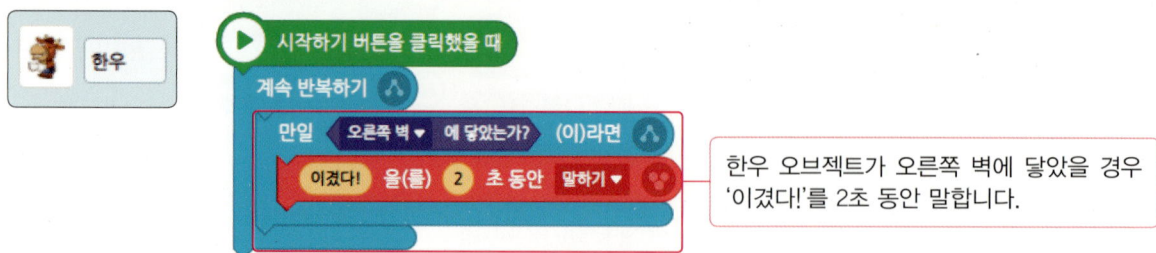

한우 오브젝트가 오른쪽 벽에 닿았을 경우 '이겼다!'를 2초 동안 말합니다.

2 한돈 오브젝트의 [블록] 탭에서 [시작] 및 [흐름], [생김새] 꾸러미 등을 이용하여 블록 조립소에 **왼쪽 벽에 닿았을 경우 '이겼다!'를 2초 동안 말하도록 블록을 코딩**합니다.

한돈 오브젝트가 왼쪽 벽에 닿았을 경우 '이겼다!'를 2초 동안 말합니다.

3 [시작하기]를 클릭한 후 키보드의 왼쪽 화살표(←), 또는 오른쪽 화살표(→) 등을 서로 누르면서 **줄다리기 게임을 시작**합니다. 왼쪽 또는 오른쪽 벽에 닿았을 경우 '이겼다!'를 2초 동안 말하는지 확인합니다.

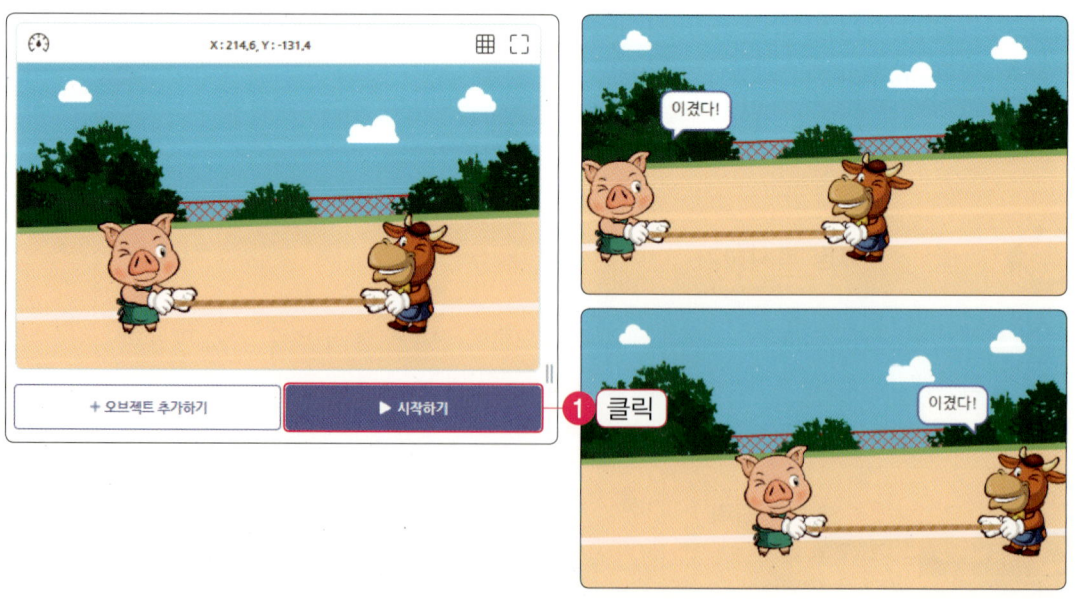

① [Chapter02] 폴더의 '물풍선터트리기' 파일을 불러온 후 아래의 조건으로 블록을 코딩 후 실행해 보세요.

- [시작하기]를 클릭했을 때 물풍선1과 물풍선2가 가시에 닿았을 경우 물풍선이 터진 모양으로 바꾸고 모든 코드를 멈춥니다.
- 물풍선1 : 왼쪽 화살표를 눌렀을 때 크기를 2만큼 바꿉니다.
- 물풍선2 : 오른쪽 화살표를 눌렀을 때 크기를 2만큼 바꿉니다.

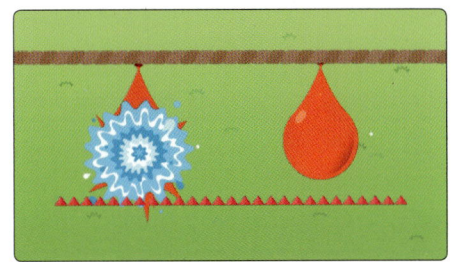 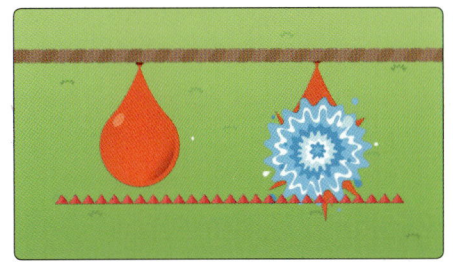

② 물풍선터트리기 게임을 업그레이드하여 보다 재미있게 만들어 보세요.

- **예1** : 하나의 물풍선이 터지면 나머지 물풍선이 그대로 멈춰있도록 만들기
- **예2** : 특정 키를 눌렀을 때 물풍선의 크기가 임의의 크기로 커지도록 만들기

Chapter 03

타이머를 이용한 줄다리기 게임

오늘의 놀이
- 텍스트 오브젝트의 사용법을 배워봅니다.
- 신호의 사용법을 배워봅니다.
- 초시계의 사용법을 배워봅니다.

 놀이 규칙 (2인용 게임)

- 시작 신호와 동시에 한돈 선수(왼쪽 화살표(←))와 한우 선수(오른쪽 화살표(→))가 서로 잡아당겨 승부를 가린다.
- 10초의 시간동안 가장 많이 잡아당긴 쪽을 승리로 하며, 같을 경우 모두 승리로 결정한다.

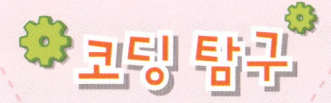

조건에 만족하는 동안 반복하여 농부의 농장 정리하기

1. http://code.org의 [학생들]을 클릭합니다.
2. [과정D]를 클릭한 후 [9: 농부 내 while 루프]의 1단계를 클릭합니다.
3. 화면 위쪽 설명을 이해한 후 블록을 이용, 작업 영역에 코딩을 연결하여 실행해 봅니다.
4. 1단계부터 13단계까지 단계별로 과정을 진행합니다.

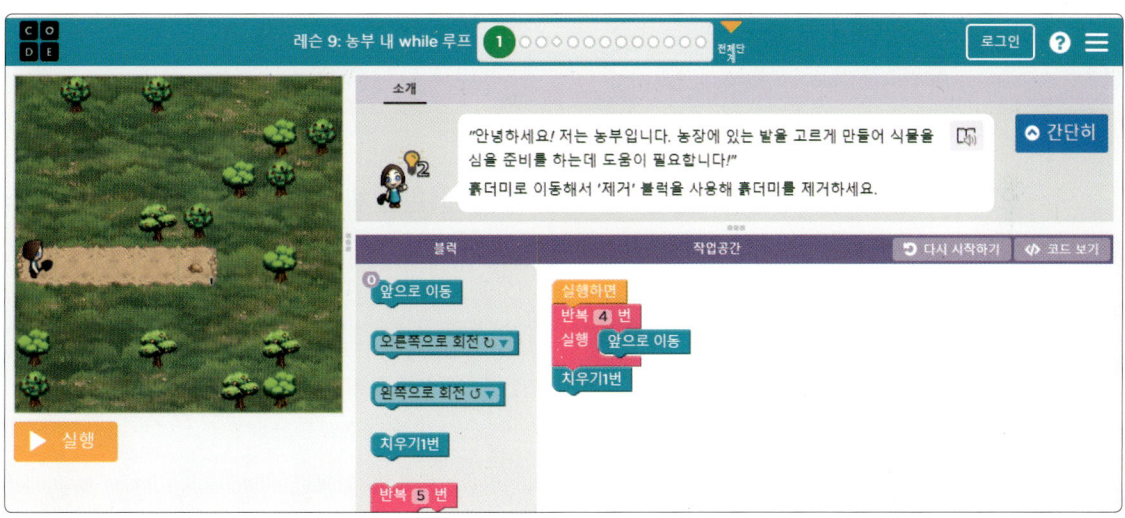

[6단계] 핵심 블록 알아보기

❶ 흙더미가 있는 동안 반복하여 치운다.
　(흙더미가 없으면 다음 단계로 넘어감)

Step 01 텍스트 오브젝트 추가 및 신호 만들기

1 [Chapter03] 폴더의 '줄다리기' 파일을 열고 [오브젝트 추가하기]를 클릭합니다.

2 [오브젝트 추가하기] 대화상자의 [글상자] 탭에서 글꼴(잘난체) 및 글자색(검정), 채우기색(투명)을 지정한 후 내용(줄다리기 게임!!)을 입력하고 [추가하기] 단추를 클릭합니다.
실행 창에서 텍스트의 위치(y : 80) 및 크기(120)을 지정하여 오브젝트를 배치합니다.

3 신호를 추가하기 위해 [속성] 탭에서 [신호]를 클릭한 후 [신호 추가]를 클릭, 신호가 생성되면 이름(시작)을 수정합니다.

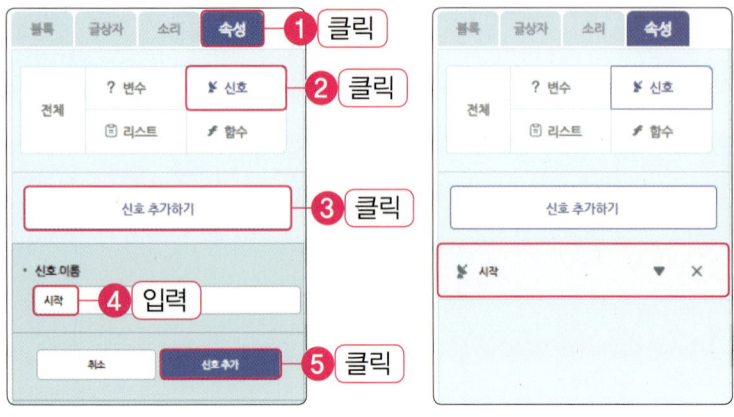

26 코딩놀이(4) · 엔트리

Step 02 시작 신호에 맞춰 줄 당기는 방법 만들기

1 밧줄 오브젝트를 클릭한 후 [시작] 및 [흐름], [움직임], [계산] 꾸러미 등을 이용하여 블록 조립소에 다음과 같이 **블록을 코딩**합니다.

[시작] 신호를 받았을 경우 계속 반복하여 아래의 기능을 실행합니다.
- 만일 오른쪽 화살표키가 눌러졌다면 이동 방향으로 0.01부터 0.5사이의 무작위 수 만큼 움직입니다.
- 만일 왼쪽 화살표키가 눌러졌다면 이동 방향으로 -0.01부터 -0.5사이의 무작위 수 만큼 움직입니다.

2 한우 및 한돈 오브젝트에 다음과 같이 블록을 코딩합니다.

[시작] 신호를 받았을 경우 계속 반복하여 x좌표(밧줄의 x좌푯값 + 110) 위치로 이동합니다.
[밧줄을 중심으로 이동을 코딩]

[시작] 신호를 받았을 경우 계속 반복하여 x좌표(밧줄의 x좌푯값 - 110) 위치로 이동합니다.
[밧줄을 중심으로 이동을 코딩]

 블록 코딩의 원리 알아보기

- 밧줄이 가로 가운데 위치(X:0)를 기준으로 오른쪽 화살표를 누르면 오른쪽(0.01부터 0.5사이의 무작위 수 만큼)으로 움직이고, 왼쪽 화살표를 누르면 왼쪽(-0.01부터 -0.5 사이의 무작위 수 만큼)으로 움직입니다.
- 한우 및 한돈은 밧줄의 위치(X:0)를 기준으로 오른쪽(110), 왼쪽(-110)에 위치하며, 밧줄의 움직임에 따라 오브젝트의 움직임이 결정됩니다.

Step 03 준비 신호 및 초시계로 승패 결정하기

1 **줄다리기 게임!! 오브젝트**의 [블록] 탭에서 [시작] 및 [생김새], [글상자], [흐름] 등의 꾸러미를 이용하여 다음과 같이 **블록을 코딩**합니다.

[시작하기]를 클릭했을 때 아래의 기능을 실행합니다.
- 글상자 오브젝트의 모양을 보입니다.
- '준비~!!'라고 글을 쓴 다음 2초를 기다린 후 '시작~!!'이라고 글을 씁니다.
- [시작] 신호를 보내고 0.5초를 기다린 후 모양을 숨깁니다.

2 **글상자 오브젝트**에서 초시계로 승패를 결정하기 위해 다음과 같이 **블록을 코딩**합니다.

[시작] 신호를 받았을 때 초시계를 시작한 후 계속 반복하여 아래의 기능을 실행합니다.
- 만일 초시계 값이 10 이상이라면 초시계를 정지하고 아래의 기능을 실행합니다.
  ·· 만일 밧줄의 x좌푯값이 0보다 크면 모양을 보이고 '한우~승리!!'라고 글상자에 글을 쓴 다음 모든 코드를 멈춥니다. 그렇지 않으면 아래의 기능을 실행합니다.
    ··· 만일 밧줄의 x좌푯값이 0보다 작다면 모양을 보이고 '한돈~승리!!'라고 글상자에 글을 쓴 다음 모든 코드를 멈춥니다.
    ··· 밧줄의 x좌푯값이 0보다 크지도 작지도 않다는 것은 비긴 경우를 뜻하므로 모양을 보이고 '모두~승리!!'라고 글을 쓴 다음 모든 코드를 멈춥니다.

3 [시작하기]를 클릭한 후 키보드의 왼쪽 화살표(←) 및 오른쪽 화살표(→)를 눌러 줄다리기 게임을 실행해 봅니다.

1 [Chapter03] 폴더의 '온도올리기' 파일을 불러온 후 아래의 조건으로 블록을 코딩 후 실행해 보세요.

- [시작하기]를 클릭했을 때 글상자가 3, 2, 1, Start~!! 카운트 다운 후 [시작] 신호를 보내고 0.5초를 기다린 다음 모양을 숨깁니다.
- [시작] 신호를 받았을 때 글상자는 초시계를 시작하여 초시계 값이 5초를 넘으면 초시계를 정지하고 [정지] 신호를 보내며, 왼쪽 막대와 오른쪽 막대의 위치에 따라 승패를 글상자로 표시합니다.
- [시작] 신호를 받았을 때 왼쪽막대와 오른쪽막대는 계속 반복하여 왼쪽/오른쪽 화살표를 눌렀을 때 y좌표를 0.01부터 0.5 사이의 무작위 수 만큼 바꿉니다.
- [정지] 신호를 받았을 때 왼쪽막대와 오른쪽막대 모두 자신의 코드를 멈춥니다.

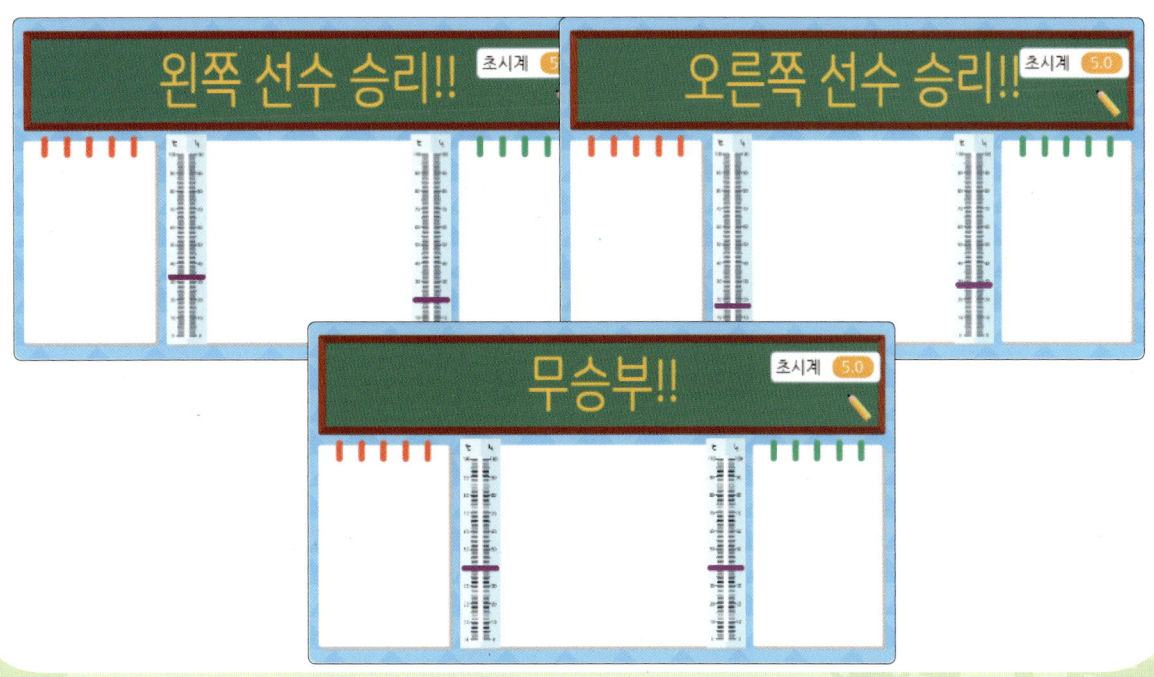

우주 전투기 만들기

- 배경의 움직임을 만드는 방법에 대해 배워봅니다.
- 오브젝트의 복제 방법을 배워봅니다.

 놀이 규칙

- 우주 배경이 위에서 아래로 계속해서 움직이며, 전투기가 비행하는 효과를 주며, 이때 키보드의 좌우 방향키를 눌러 우주선을 움직인다.
- 키보드의 스페이스키를 누르면 전투기에서 무기가 발사된다.

 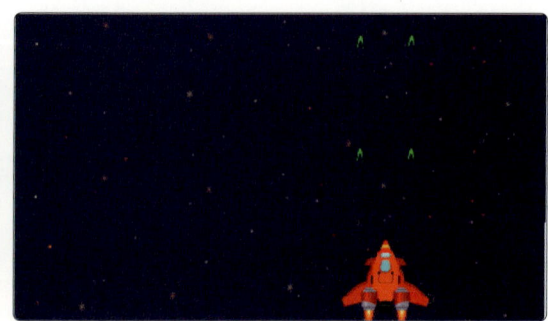

중첩 반복하기로 꿀벌의 꽃꿀 얻기

1. http://code.org의 [학생들]을 클릭합니다.
2. [과정D]를 클릭한 후 [4: 중첩 반복]의 1단계를 클릭합니다.
3. 화면 위쪽 설명을 이해한 후 블록을 이용, 작업 영역에 코딩을 연결하여 실행해 봅니다.
4. 1단계부터 12단계까지 단계별로 과정을 진행합니다.

[4단계] 핵심 블록 알아보기

❶ 앞으로 이동 후 꽃꿀 얻기를 3번 반복한 후 오른쪽으로 회전합니다.
❷ ❶번 코딩을 4번 반복하여 실행합니다.

Step 01 배경의 움직임 만들기

1 [Chapter04] 폴더의 '우주전투기' 파일을 열고 고정된 **우주1 및 우주2 오브젝트의 잠금(🔒)을 클릭**하여 잠금 해제(🔓)합니다.

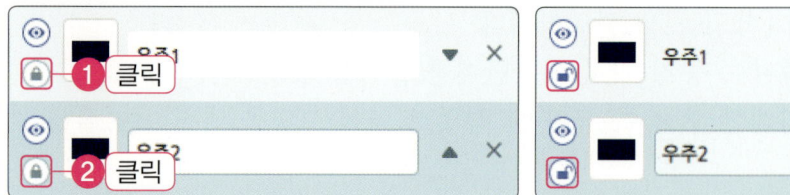

2 배경의 움직임을 만들기 위해 **우주1 오브젝트**의 [블록] 탭에서 다음과 같이 **블록을 코딩**합니다.

[시작하기]를 클릭했을 때 계속 반복하여 아래의 기능을 실행합니다.
- y좌표를 -1만큼 바꾸어 배경 오브젝트가 아래로 내려가는 효과를 줍니다.
- 만일 우주1의 y좌푯값이 -135보다 작다면 실행 창 아래로 내려간 것을 의미하여 다시 실행 창의 위쪽에 해당하는 위치(y:135)로 이동합니다.

3 같은 방법으로 우주1 배경과 연결하여 움직임을 만들기 위해 **우주2 오브젝트**의 [블록] 탭에서 다음과 같이 **블록을 코딩**합니다.

[시작하기]를 클릭했을 때 실행 창의 위쪽에 해당하는 위치(y:135)에서 계속 반복하여 아래의 기능을 실행합니다.
- y좌표를 -1만큼 바꾸어 배경 오브젝트가 아래로 내려가는 효과를 줍니다.
- 만일 우주2의 y좌푯값이 -135보다 작다면 실행 창 아래로 내려간 것을 의미하여 다시 실행 창의 위쪽에 해당하는 위치(y:135)로 이동합니다.

Step 02 전투기의 움직임 만들기

1 **전투기 오브젝트**의 [블록] 탭에서 왼쪽 화살표(←) 및 오른쪽 화살표(→)를 이용한 전투기의 이동을 만들기 위해 다음과 같이 **블록을 코딩**합니다.

[시작하기]를 클릭했을 때 계속 반복하여 아래의 기능을 실행합니다.
- 만일 왼쪽 화살표키가 눌러졌을 경우 x좌표를 -5만큼 바꾸어 왼쪽으로 이동하는 효과를 줍니다.
- 만일 오른쪽 화살표키가 눌러졌을 경우 x좌표를 5만큼 바꾸어 오른쪽으로 이동하는 효과를 줍니다.

2 전투기의 움직임 효과를 주기 위해 **전투기 오브젝트**의 [블록] 탭에서 다음과 같이 **블록을 코딩**합니다.

[시작하기]를 클릭했을 때 계속 반복하여 아래의 기능을 실행합니다.
- 다음 모양으로 바꾸어 전투기의 움직임 효과를 줍니다.
- 0.05초 기다리기를 통해 전투기의 모양 변경을 눈으로 알아볼 수 있도록 합니다.(빠른 속도로 변경되는 모양을 확인하기 위함)

 **모양 목록의 전투기 모양을 이용한 움직임 만들기**

전투기 오브젝트의 [모양] 탭에는 전투기1과 전투기2 모양이 있으며, 블록을 통해 계속 반복하여 모양을 바꾸어 움직임 효과를 만들 수 있습니다.

Step 03 총알의 복제 및 발사하기

1 **총알 오브젝트**의 [블록] 탭에서 총알이 전투기를 계속해서 따라 다니도록 만들기 위해 다음과 같이 **블록을 코딩**합니다.

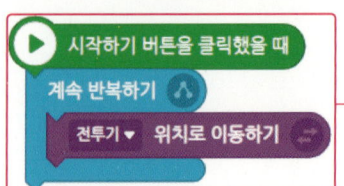

[시작하기]를 클릭했을 때 계속 반복하여 아래의 기능을 실행합니다.
– 전투기 위치로 이동합니다.
  (전투기 오브젝트의 중심점을 기준으로 총알 오브젝트가 이동)

2 **총알 오브젝트**에서 키보드의 스페이스(SpaceBar)키를 누르면 총알이 복제되어 발사되도록 만들기 위해 다음과 같이 **블록을 코딩**합니다.

[시작하기]를 클릭했을 때 계속 반복하여 아래의 기능을 실행합니다.
– 만일 스페이스키가 눌러졌을 경우 자신의 복제본을 만들고 0.1초 기다립니다.

복제본이 처음 생성되었을때 계속 반복하여 아래의 기능을 실행합니다.
– y좌표를 10만큼 바꾸어 총알이 위로 이동합니다.
– 만일 위쪽 벽에 닿았을 경우 이 복제본을 삭제합니다.

3 [시작하기]를 **클릭**했을 때 배경의 움직임을 확인한 후 키보드의 좌우 방향키를 눌러 이동, 스페이스키를 눌러 총알이 발사되는지 확인합니다.

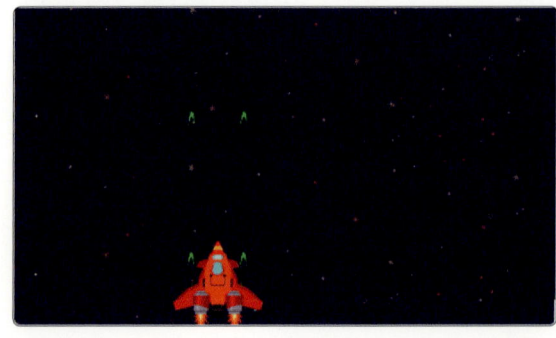

1 [Chapter04] 폴더의 '우주전투게임' 파일을 불러온 후 아래의 조건으로 블록을 코딩하여 실행해 보세요.

괴물 오브젝트

- [시작하기]를 클릭했을 때 계속 반복하여 아래의 기능을 실행합니다.
  - 0.5초 동안 실행 화면의 위쪽 임의의 위치(x:-230부터 230사이의 무작위 수, y:160)로 이동합니다.

폭탄 오브젝트

- [시작하기]를 클릭했을 때 계속 반복하여 괴물 위치로 이동한 후 자신의 복제본을 만들고 0.2초를 기다립니다.
- 복제본이 처음 생성되었을 때 계속 반복하여 아래의 기능을 실행합니다.
  - y좌표를 -1부터 -5사이의 무작위 수 만큼 바꿉니다.
  - 만일 아래쪽 벽에 닿거나 또는 총알에 닿았을 경우 이 복제본을 삭제합니다.
  - 만일 전투기에 닿았을 경우 모든 코드를 멈추어 게임을 종료합니다.

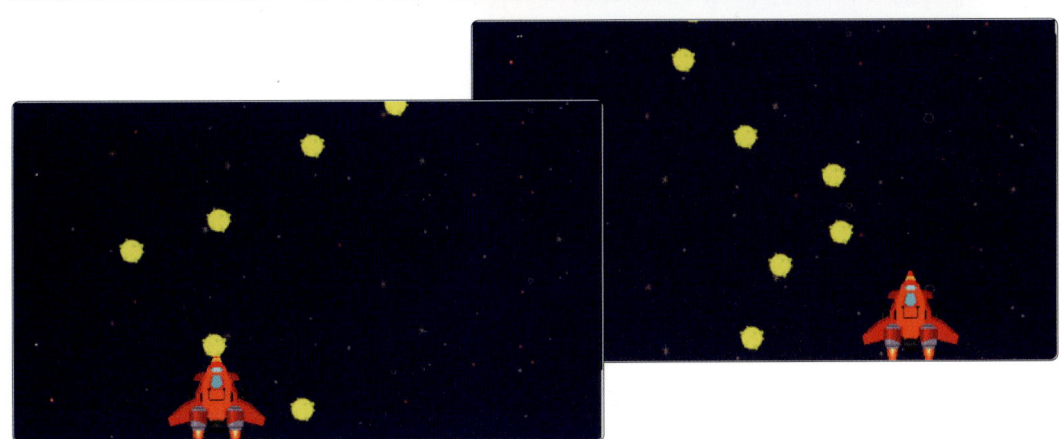

Chapter 05. 펭귄의 얼음나라 여행하기

오늘의 놀이
- 방향키에 따른 배경의 움직임을 만들어봅니다.
- 방향키에 따라 좌우로 움직이는 오브젝트를 만들어봅니다.
- 특정키를 이용한 점프 동작을 만들어봅니다.

🕹 놀이 규칙

- [시작하기]를 클릭하면 좌우 방향키에 따라 오브젝트가 좌우로 움직이며, 키보드의 스페이스키를 누르면 점프 동작을 한다.
- 키보드의 좌우 방향키에 따라 오브젝트가 움직일 때 배경이 방향키의 반대 방향으로 움직이며, 연결된 움직임의 배경으로 동작한다.

조건을 이용한 꽃에서 꽃꿀 얻고 벌집에서 꿀 만들기

1. http://code.org의 [학생들]을 클릭합니다.
2. [과정D]를 클릭한 후 [11: 벌 내 조건]의 2단계를 클릭합니다.
3. 화면 위쪽 설명을 이해한 후 블록을 이용, 작업 영역에 코딩을 연결하여 실행해 봅니다.
4. 1단계부터 13단계까지 단계별로 과정을 진행합니다.

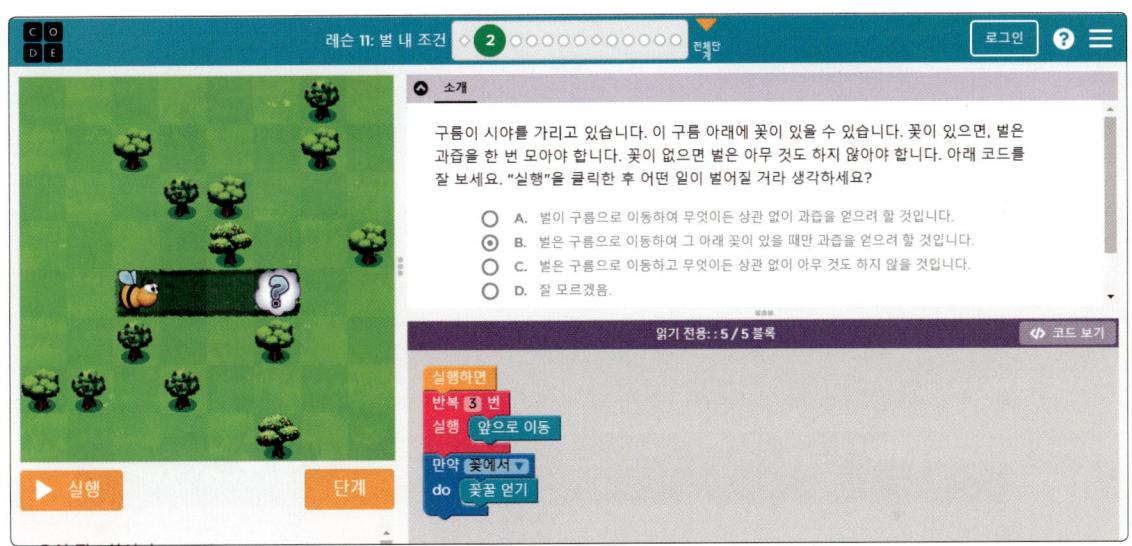

[9단계] 핵심 블록 알아보기

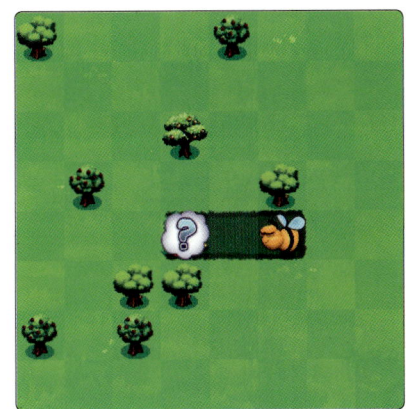

❶ 만약 꽃이라면 꽃꿀을 얻고 그렇지 않으면 꿀을 만듭니다.

05장 • 펭귄의 얼음나라 여행하기

Step 01 방향 신호에 따른 배경의 움직임 만들기

1 '펭귄의여행' 파일을 열고 [속성] 탭에서 [신호]를 클릭한 후 [신호 추가하기]를 눌러 '왼쪽방향' 신호를 생성합니다.

2 같은 방법으로 '오른쪽방향' 신호도 생성합니다.

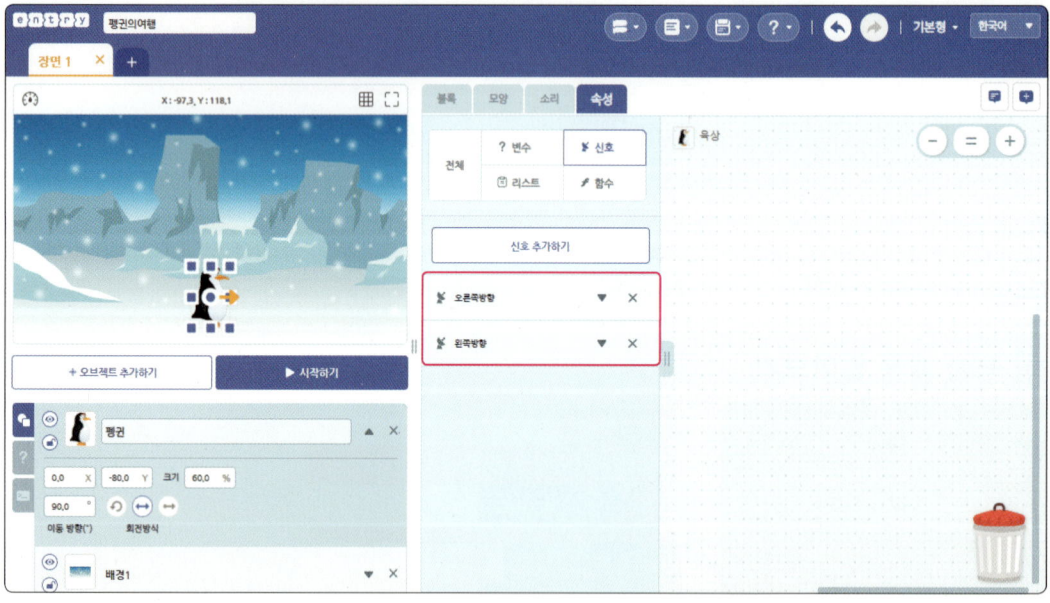

3 **배경1 오브젝트**의 [블록] 탭에서 왼쪽방향 및 오른쪽방향 신호에 따라 배경의 움직임을 만들기 위해 다음과 같이 **블록을 코딩**합니다.

[왼쪽방향] 신호를 받았을 때 아래의 기능을 실행합니다.
- x좌표를 10만큼 바꾸어 배경1이 오른쪽으로 이동하도록 만듭니다.
- 만일 배경1의 x좌푯값이 480보다 크다면 배경1의 위치(x:-480)를 이동합니다.
  (배경1이 실행 창의 오른쪽으로 이동(중심점 기준), 보이지 않게 되어 다시 왼쪽 위치로 이동하는 것)

[오른쪽방향] 신호를 받았을 때 아래의 기능을 실행합니다.
- x좌표를 -10만큼 바꾸어 배경1이 왼쪽으로 이동하도록 만듭니다.
- 만일 배경1의 x좌푯값이 -480보다 작다면 배경1의 위치(x:-480)를 이동합니다.
  (배경1이 실행 창의 왼쪽으로 이동(중심점 기준), 보이지 않게 되어 다시 오른쪽 위치로 이동하는 것)

4 **배경2 오브젝트**의 [블록] 탭에서 같은 방법으로 왼쪽방향 및 오른쪽방향 신호에 따른 배경의 움직임을 **블록으로 코딩**합니다.

[왼쪽방향] 신호를 받았을 때 아래의 기능을 실행합니다.
- x좌표를 10만큼 바꾸어 배경2가 오른쪽으로 이동하도록 만듭니다.
- 만일 배경2의 x좌푯값이 480보다 크다면 배경2의 위치(x:-480)를 이동합니다.
  (배경2가 실행 창의 오른쪽으로 이동(중심점 기준), 보이지 않게 되어 다시 왼쪽 위치로 이동하는 것)

[오른쪽방향] 신호를 받았을 때 아래의 기능을 실행합니다.
- x좌표를 -10만큼 바꾸어 배경2가 왼쪽으로 이동하도록 만듭니다.
- 만일 배경2의 x좌푯값이 -480보다 작다면 배경1의 위치(x:-480)를 이동합니다.
  (배경2가 실행 창의 왼쪽으로 이동(중심점 기준), 보이지 않게 되어 다시 오른쪽 위치로 이동하는 것)

Step 02 방향키에 따른 펭귄의 움직임 만들기

1 **펭귄 오브젝트**의 [블록] 탭에서 방향키에 따라 움직이는 효과와 함께 이동을 만들기 위해 다음과 같이 **블록을 코딩**합니다.

[시작하기]를 클릭했을 때 계속 반복하여 아래의 기능을 실행합니다.
- 만일 오른쪽 화살표키를 눌렀을 경우 아래의 기능을 실행합니다.
  ·· 이동 방향을 90°로 정합니다. (오른쪽 이동 방향 정함)
  ·· [오른쪽방향] 신호를 보냅니다.
  ·· 펭귄 오브젝트의 모양을 0.05초 단위로 다음 모양으로 바꿉니다.
- 만일 왼쪽 화살표키를 눌렀을 경우 아래의 기능을 실행합니다.
  ·· 이동 방향을 270°로 정합니다. (왼쪽 이동 방향 정함)
  ·· [왼쪽방향] 신호를 보냅니다.
  ·· 펭귄 오브젝트의 모양을 0.05초 단위로 다음 모양으로 바꿉니다.

[시작하기]를 클릭했을 때 계속 반복하여 아래의 기능을 실행합니다.
- 만일 스페이스키를 눌렀을 경우 아래의 기능을 실행합니다.
  ·· 15번 반복하여 y좌표를 5만큼 바꾸어 위로 이동합니다.
  ·· 15번 반복하여 y좌표를 -5만큼 바꾸어 아래로 이동합니다.
     (15번 반복하여 위로 이동한 후 15번 반복하여 아래로 이동함으로 점프 동작을 만듭니다.)

2 [시작하기]를 **클릭**한 후 키보드의 좌우 방향키를 눌러 펭귄 및 배경의 움직임을 확인합니다. 키보드의 스페이스키를 눌렀을 때 점프 동작을 하는지 확인합니다.

1 '장애물넘기' 파일을 열고 다음 조건을 이용하여 펭귄의 장애물 넘기 게임을 만들어 봅니다.

장애물1 ~ 장애물2 오브젝트

- [시작하기]를 클릭했을 때 계속 반복하여 아래의 기능을 실행합니다.
  - 만일 펭귄에 닿았을 경우 모든 코드를 멈추어 게임을 종료합니다.
- [오른쪽방향] 신호를 받았을 때 아래의 기능을 실행합니다.
  - x좌표를 -10만큼씩 바꿉니다.
  - 만일 장애물(장애물1/장애물2)의 x좌푯값이 -250보다 작다면 x좌표의 위치(250)를 이동합니다.
- [왼쪽방향] 신호를 받았을 때 아래의 기능을 실행합니다.
  - x좌표를 10만큼씩 바꿉니다.
  - 만일 장애물(장애물1/장애물2)의 x좌푯값이 250보다 크다면 x좌표의 위치(-250)를 이동합니다.

물고기를 잡는 상어 만들기

오늘의 놀이
- 특정 영역 안에서만 움직이는 오브젝트를 만들어봅니다.
- 특정 오브젝트에 닿았을 경우 모양 변경 방법을 알아봅니다.
- 특정 오브젝트에 닿았을 경우 임의의 위치 변경 방법을 알아봅니다.

놀이 규칙

- [시작하기]를 클릭하면 물고기들이 바닷속에서 자유롭게 움직이도록 만든다.
- 바닷속에서 자유롭게 움직이던 상어가 물고기를 만났을 때 잡아먹도록 만든다.

미로 내 디버깅으로 도토리 얻기

1. http://code.org의 [학생들]을 클릭합니다.
2. [과정C]를 클릭한 후 [3: 미로 내 디버깅]의 2단계를 클릭합니다.
3. 화면 위쪽 설명을 이해한 후 블록을 이용, 작업 영역에 코딩을 연결하여 실행해 봅니다.
4. 1단계부터 10단계까지 단계별로 과정을 진행합니다.

핵심포인트

[6단계] 핵심 블록 알아보기

Step 01 · 바닷속에서만 움직이는 물고기 만들기

1 '상어와물고기' 파일을 열고 **물고기1 오브젝트**의 회전 방식(좌우(↔)로만)을 확인한 후 [블록] 탭에서 다음과 같이 **블록을 코딩**하여 바닷속에서만 자유롭게 움직이는 물고기를 만듭니다.

[시작하기]를 클릭했을 때 계속 반복하여 아래의 기능을 실행합니다.
- 이동 방향을 -1부터 1사이의 무작위 수 만큼 회전합니다.
- 이동 방향으로 1부터 2사이의 무작위 수 만큼 움직입니다.
- 화면 끝에 닿으면 튕깁니다.
- 만일 하늘에 닿았을 경우 이동 방향(180-물고기1의 이동방향)을 정합니다.

 **오브젝트의 회전 방식 알아보기**

오브젝트의 회전 방식에는 자유롭게 움직이는 자유회전(↻) 방식과 좌우로만 회전이 가능한 좌우회전(↔), 그리고 항상 고정되어 있는 무회전(→) 등이 있습니다.

2 같은 방법으로 **물고기2 ~ 물고기3 오브젝트**에도 바닷속에서만 자유롭게 움직이도록 **블록을 코딩**합니다.

Step 02 상어의 움직임과 물고기를 먹는 동작 만들기

1 **상어 오브젝트**의 [블록] 탭에서 다음과 같이 **블록을 코딩**하여 물고기들보다 약간 속도를 빠르게 바닷속에서 움직이도록 만듭니다.

[시작하기]를 클릭했을 때 계속 반복하여 아래의 기능을 실행합니다.
- 이동 방향을 -1부터 1사이의 무작위 수 만큼 회전합니다.
- 이동 방향으로 1.5부터 2사이의 무작위 수 만큼 움직입니다.
- 화면 끝에 닿으면 튕깁니다.
- 만일 하늘에 닿았을 경우 이동 방향(180-상어의 이동방향)을 정합니다.

2 **상어 오브젝트**에서 물고기1 ~ 물고기3 등에 닿았을 때 상어가 입을 벌리고 먹는 동작을 만들기 위해 다음과 같이 **블록을 코딩**합니다.

[시작하기]를 클릭했을 때 계속 반복하여 아래의 기능을 실행합니다.
- 만일 물고기1 또는 물고기2 또는 물고기3에 닿았을 경우 상어의 모양을 상어입벌림 모양으로 바꾸고 0.05초를 기다립니다.
- 상어의 모양을 상어움직임 모양으로 바꿉니다.

 **Tip** 모양 목록의 상어 모양을 이용한 움직임 만들기

상어 오브젝트의 [모양] 탭에는 상어가 입을 다물고 있는 '상어움직임' 모양과 상어가 입을 벌리고 있는 '상어입벌림' 모양 등이 있어 특정 물고기에 닿았을 경우 입을 벌렸다가 다물고 움직이는 모양으로 바꿀 수 있습니다.

06장 · 물고기를 잡는 상어 만들기 **45**

Step 03 상어에 닿았을 경우 물고기의 동작 만들기

1 물고기1 ~ 물고기3 오브젝트의 [블록] 탭에서 상어에 닿았을 경우 잠시 숨겼다가 특정 위치에서 다시 나타나도록 만들기 위해 다음과 같이 **블록을 코딩**합니다.

[시작하기]를 클릭했을 때 계속 반복하여 아래의 기능을 실행합니다.
- 만일 상어에 닿았을 경우 아래의 기능을 실행합니다.
  ·· 0.01초를 기다렸다가 물고기의 모양을 숨깁니다.
  ·· 0.5부터 3사이의 무작위 수 초 동안 기다립니다.
  ·· 물고기의 위치(x:-210부터 210사이의 무작위 수, y:-110부터 40사이의 무작위 수)를 이동합니다.
  ·· 물고기의 모양을 보입니다.

Tip 상어에 닿았을 경우 블록 코딩 중 `0.01 초 기다리기` 블록을 사용하는 이유

물고기가 상어에 닿았을 경우 `0.01 초 기다리기` 블록이 없이 `모양 숨기기` 명령이 실행되면 상어 오브젝트에서 상어에 물고기가 닿았을 때 상어가 입벌리는 모양을 적용하지 않고 물고기가 바로 숨겨질 수 있기 때문입니다.

2 [시작하기]를 클릭한 후 물고기 및 상어의 동작을 확인합니다.

1 '상어와잠수부' 파일을 열고 잠수부와 유령을 다음과 같은 조건을 이용하여 프로그램 코딩을 만들어 보세요.

잠수부 오브젝트

- [시작하기]를 클릭했을 때 계속 반복하여 아래의 기능을 실행합니다.
  - 잠수부의 모양을 0.1초 단위로 다음 모양으로 바꿉니다.
  - 만일 상어에 닿았을 경우 아래의 기능을 실행합니다.
    - ·· 잠수부의 모양을 숨기고 [변경] 신호를 보냅니다.
    - ·· 2부터 5사이의 무작위 수 초 만큼 기다렸다가 임의의 위치(x:-210 부터 210사이의 무작위 수, y:-110부터 40사이의 무작위 수)에서 모양을 보입니다.

유령 오브젝트

- [시작하기]를 클릭했을 때 유령이 모양을 숨기고 계속 반복하여 잠수부의 위치로 이동합니다.
- [변경] 신호를 받았을 때 자신의 복제본을 만듭니다.
- 복제본이 처음 생성되었을 때 아래의 기능을 실행합니다.
  - 유령의 모양을 보입니다.
  - 위쪽 벽에 닿을 때까지 반복하여 y좌표를 10만큼 바꾼 다음 0.01초 기다립니다.
  - 이 복제본을 삭제합니다.

고기잡이 배 만들기

- 어선의 그물을 이용하여 물고기 잡는 방법을 알아봅니다.
- 그물이 게에 닿았을 때 그물을 못 올리고 멈추는 방법을 알아봅니다.

놀이 규칙

- 키보드의 좌우 방향키를 이용하여 어선을 움직이며 물고기 위치를 찾도록 만든다.
- 키보드의 스페이스키를 눌러 그물을 내려 물고기를 잡는다. 이 때, 바다 밑에 움직이는 게에 닿으면 일정 시간 동안 그물을 못 올리도록 만들어 물고기를 못잡도록 방해한다.

🔴🟢 이벤트 조작으로 플래피 게임 만들기

1. http://code.org의 [학생들]을 클릭합니다.
2. [과정C]를 클릭한 후 [12: 플래피 게임 만들기]의 2단계를 클릭합니다.
3. 화면 위쪽 설명을 이해한 후 블록을 이용, 작업 영역에 코딩을 연결하여 실행해 봅니다.
4. 1단계부터 11단계까지 단계별로 과정을 진행합니다.

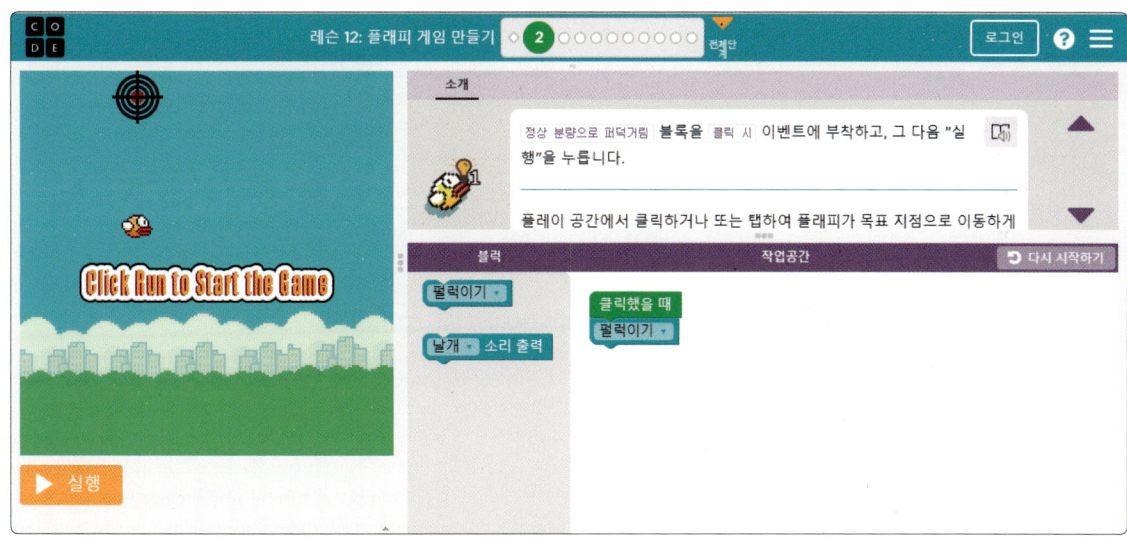

[10단계] 핵심 블록 알아보기

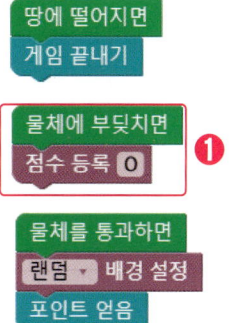

❶ 물체에 부딪치면 점수를 0으로 수정합니다.

07장 · 고기잡이 배 만들기 49

Step 01 바닷속 물고기의 움직임 만들기

1 '물고기잡기' 파일을 열고 **물고기1 ~ 물고기3 오브젝트**의 [블록] 탭에서 다음과 같이 **블록을 코딩**하여 바다에서 자유롭게 움직이도록 만듭니다.

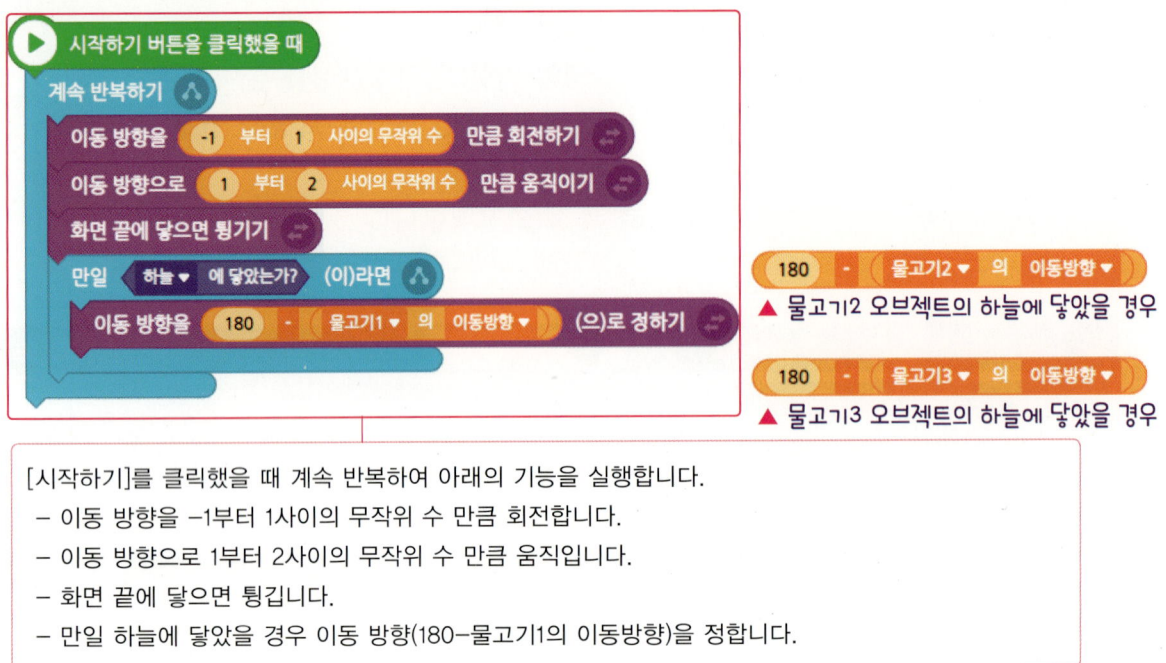

[시작하기]를 클릭했을 때 계속 반복하여 아래의 기능을 실행합니다.
- 이동 방향을 -1부터 1사이의 무작위 수 만큼 회전합니다.
- 이동 방향으로 1부터 2사이의 무작위 수 만큼 움직입니다.
- 화면 끝에 닿으면 튕깁니다.
- 만일 하늘에 닿았을 경우 이동 방향(180-물고기1의 이동방향)을 정합니다.

2 같은 방법으로 **물고기1 ~ 물고기3 오브젝트**에서 그물에 닿은 경우 잠깐 숨겼다가 다시 바다 위치에서 보이도록 **블록을 코딩**합니다.

물고기1 ~ 물고기3에서 [시작하기]를 클릭했을 때 계속 반복하여 아래의 기능을 실행합니다.
- 만일 그물에 닿았을 경우 모양을 숨긴 후 0.5부터 3사이의 무작위 수 초 동안 기다립니다.
- 임의의 위치(x:-210부터 210사이의 무작위 수, y:-110부터 40사이의 무작위 수)로 이동합니다.
- 물고기의 모양을 보입니다.

Step 02 · 고기잡이 어선과 그물 만들기

1 **어선 오브젝트**의 [블록] 탭에서 다음과 같이 **블록을 코딩**하여 좌우 방향키에 따라 움직임을 지정합니다.

```
시작하기 버튼을 클릭했을 때
계속 반복하기
    만일 <왼쪽 화살표▼ 키가 눌러져 있는가?> (이)라면
        이동 방향을 270° (으)로 정하기
        이동 방향으로 5 만큼 움직이기
    만일 <오른쪽 화살표▼ 키가 눌러져 있는가?> (이)라면
        이동 방향을 90° (으)로 정하기
        이동 방향으로 5 만큼 움직이기
    만일 <스페이스▼ 키가 눌러져 있는가?> (이)라면
        <그물▼ 에 닿았는가?> 이(가) 될 때까지 기다리기
```

[시작하기]를 클릭했을 때 계속 반복하여 아래의 기능을 실행합니다.
- 만일 왼쪽 화살표를 눌렀을 경우 이동 방향을 270°으로 정하고 이동 방향으로 5만큼 움직입니다.
- 만일 오른쪽 화살표를 눌렀을 경우 이동 방향을 90°으로 정하고 이동 방향으로 5만큼 움직입니다.
- 만일 스페이스키를 눌렀을 경우 그물에 닿을 때까지 기다립니다.

2 **그물 오브젝트**의 [블록] 탭에서 다음과 같이 **블록을 코딩**하여 그물이 어선을 따라 다니다가 특정(스페이스)키를 누르면 바다 끝까지 내려갔다가 올라오도록 만듭니다.

```
시작하기 버튼을 클릭했을 때
계속 반복하기
    어선▼ 위치로 이동하기
    만일 <스페이스▼ 키가 눌러져 있는가?> (이)라면
        40 번 반복하기
            y좌표를 -5 만큼 바꾸기
        40 번 반복하기
            y좌표를 5 만큼 바꾸기
```

[시작하기]를 클릭했을 때 계속 반복하여 아래의 기능을 실행합니다.
- 어선 위치로 이동합니다.
- 만일 스페이스키를 눌렀을 경우 아래의 기능을 실행합니다.
  ·· 40번 반복하여 y좌표를 -5만큼 바꿉니다.
  (그물을 어선에서 바다밑으로 내립니다.)
  ·· 40번 반복하여 y좌표를 5만큼 바꿉니다.
  (그물을 바다밑에서 어선 위치로 다시 올립니다.)

07장 · 고기잡이 배 만들기

Step 03 꽃게의 움직임과 그물에 닿았을 경우 움직임 만들기

1 **꽃게 오브젝트**의 [블록] 탭에서 다음과 같이 **블록을 코딩**하여 그물에 닿기 전까지 임의의 시간동안 좌우 임의의 위치로 자유롭게 움직이도록 만듭니다.

[시작하기]를 클릭했을 때 계속 반복하여 아래의 기능을 실행합니다.
 - 그물에 닿기 전까지 반복하여 0.5부터 2사이의 무작위 수 초 동안 임의의 위치(x:-210부터 210 사이의 무작위 수, y:-120)로 이동합니다.

2 **그물 오브젝트**의 [블록] 탭에서 다음과 같이 **블록을 코딩**하여 꽃게에 닿았을 경우 100번 반복하여 꽃게 위치로 이동, 일정 시간동안 그물을 잡고 있는 효과를 줍니다.

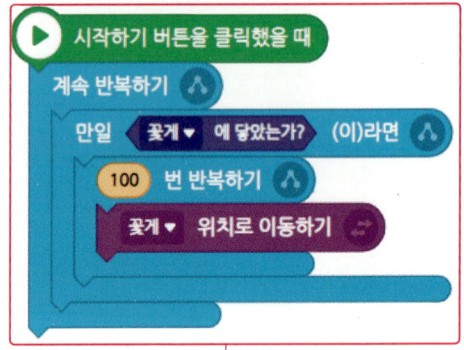

[시작하기]를 클릭했을 때 계속 반복하여 아래의 기능을 실행합니다.
 - 만일 꽃게에 닿았을 경우 100번 반복하여 꽃게 위치로 이동합니다.
   (그물이 꽃게에 닿았을 경우 임의의 시간 동안 그물을 잡고 있는 효과를 줍니다.)

3 [시작하기]를 클릭한 후 키보드의 좌우 방향키로 어선을 움직이면서 스페이스키를 눌러 그물로 물고기를 잡아봅니다. 꽃게에 그물이 닿았을 경우 일정 시간동안 꽃게가 그물을 잡고 있는지 확인합니다.

1 '물고기올리기' 파일을 열고 물고기가 그물에 걸렸을 때 배에 닿기 전까지 그물에 끌려 올라오도록 프로그램 코딩을 완성해 보세요.

물고기1 ~ 물고기3 오브젝트

- [시작하기]를 클릭했을 때 계속 반복하여 아래의 기능을 실행합니다.
  - 만일 그물에 닿았을 경우 아래의 기능을 실행합니다.
    ‥ 어선에 닿을 때까지 반복하여 그물 위치로 이동합니다.
    ‥ 물고기의 모양을 숨기고 0.5부터 3사이의 무작위 수 초 동안 기다립니다.
    ‥ 임의의 위치(x:-210부터 210사이의 무작위 수, y:-110부터 40사이의 무작위 수)로 이동한 후 모양을 보입니다.

종합활동

숨은 그림 찾기 게임 만들기

1. 여러분이 생각하는 숨은 그림 찾기의 원리를 적어 보세요.

2. 숨은 그림 찾기 게임을 만들 때 필요한 구조를 생각해 보세요.

3. 숨은 그림 찾기 게임에 필요한 오브젝트를 생각해 보세요.

[샘플] 숨은 그림 찾기 게임 설계하기

- 인트로 장면 : 숨은 그림 찾기를 설명하고 카운트다운을 실행한 후 실제 숨은 그림 찾기 장면으로 이동한다.
- 숨은그림 장면 : 배경과 숨은 그림이 포함된 오브젝트를 표시하고 마우스 포인터를 따라 다니는 손가락이 숨은 그림을 클릭했을 때 찾은 모양으로 바꾼다.

▲ 인트로 장면

▲ 숨은 그림 장면

[샘플] 숨은 그림 찾기 게임 코딩하기

[인트로] 장면의 글상자 오브젝트
- 장면이 시작되었을 때, [시작하기]를 클릭했을 때 모두 '숨은그림찾기' 텍스트가 입력된 글상자 모양을 보이고 1초 기다렸다가 모양을 숨깁니다.

[인트로] 장면의 숫자 버튼 오브젝트
- 장면이 시작되었을 때, [시작하기]를 클릭했을 때 모두 아래의 기능을 실행합니다.
  - 숫자버튼 모양을 숨긴 후 1초 기다렸다가 모양을 숫자버튼_5 모양으로 표시합니다.
  - 5번 반복하여 1초 기다렸다가 이전 모양으로 바꾸어 카운트다운을 만듭니다.
  - [숨은그림] 장면을 시작합니다.

[숨은그림] 장면의 손가락 오브젝트
- [시작하기]를 클릭했을 때 [인트로] 장면부터 시작되도록 만듭니다.

[숨은그림] 장면의 숨은그림 오브젝트
- 장면이 시작되었을 때 모양을 숨은그림_흑백 모양으로 바꾸고 계속 반복하여 아래의 기능을 실행합니다.
  - 만일 손가락에 닿은 상태에서 마우스를 클릭했을 경우 모양을 숨은그림_칼라 모양으로 바꿉니다.

[샘플] 숨은 그림 찾기 게임 코딩 분석하기

1. 샘플 정답 파일에서 [숨은그림] 장면에서 아래의 블록을 연결한 이유를 설명해 보세요.

2. 샘플 정답 파일에서 [인트로] 장면의 아래 블록을 `시작하기 버튼을 클릭했을 때` 블록과 `장면이 시작되었을 때` 블록 모두 사용하여 연결한 이유를 설명해 보세요.

Chapter 09 가위바위보 게임 만들기

오늘의 놀이
- 변수의 정의를 알아봅니다.
- 변수의 사용 방법을 알아봅니다.

미리보기

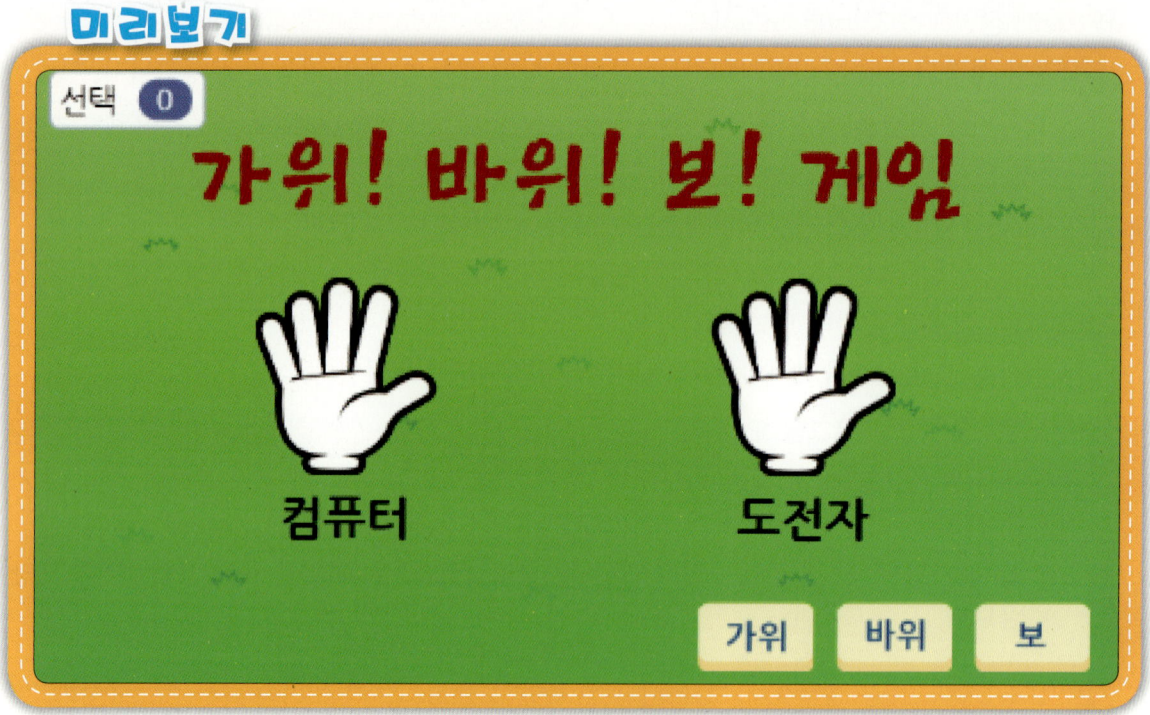

놀이 규칙

- 텍스트로 '가위!!' ➡ '바위!!' ➡ '보!!'를 표시할 때 도전자는 버튼으로 되어 있는 '가위', '바위', '보' 중에서 원하는 단추를 클릭하여 컴퓨터가 임의로 내는 '가위', '바위', '보'와 서로 대결한다.

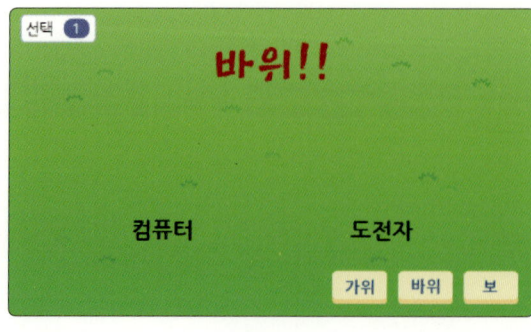

변수란 무엇인가?

변수란 변하는 수를 의미하며, 데이터를 저장하는 임시 공간입니다.

예를 들어 우리가 게임을 할 때에 적과 싸울 경우 상대의 공격에 피해를 본다면 에너지 또는 점수가 줄어들고 특정 아이템을 먹으면 다시 에너지 또는 점수가 올라가는 등의 경우를 경험해 보았을 것입니다. 이처럼 에너지 또는 점수 등이 커졌다가 줄어드는 등의 변하는 값 등을 저장하는 공간, 이것을 변수라고 합니다.

변수 만들기

- [속성] 탭에서 **[변수]를 클릭**한 후 **[변수 추가]를 클릭**, 변수가 추가되면 **이름을 수정**합니다.

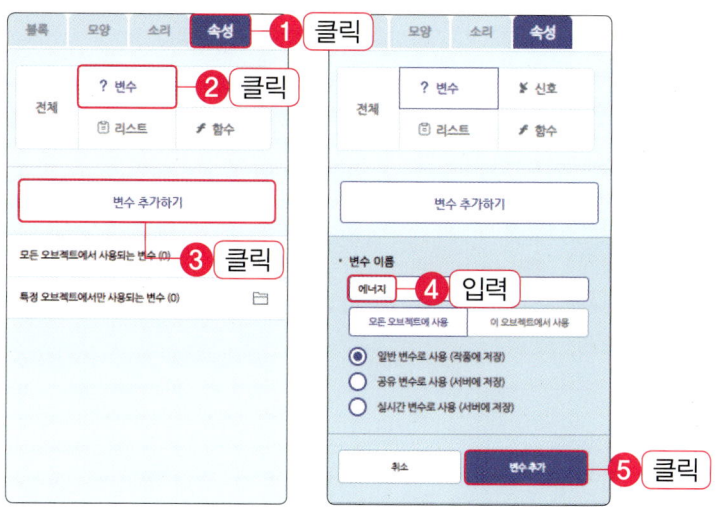

- 추가된 변수에서 정보를 이용하여 변수의 표시/숨기기, 변수 속성(변수 기본값) 등 **옵션을 설정**할 수 있습니다.

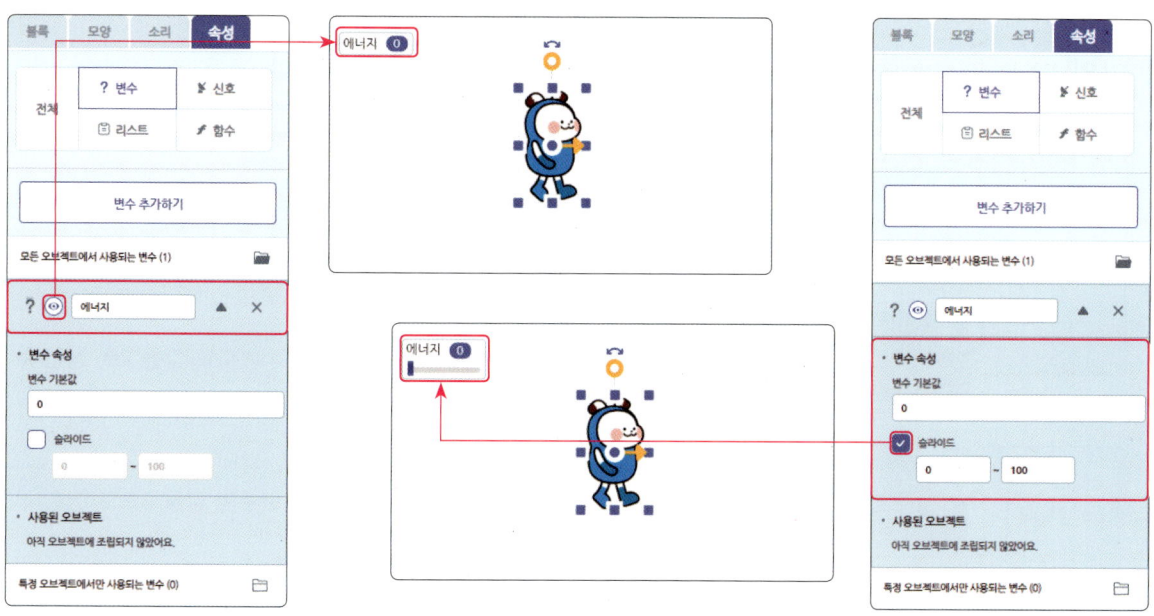

09장 · 가위바위보 게임 만들기

Step 01 신호 및 변수 생성과 가위/바위/보 선택 만들기

1 '가위바위보' 파일을 열고 [속성] 탭에서 [신호 추가하기]를 클릭한 후 **신호 이름(시작)**을 입력 후 [신호 추가]를 클릭하여 **신호(시작)**를 생성합니다.

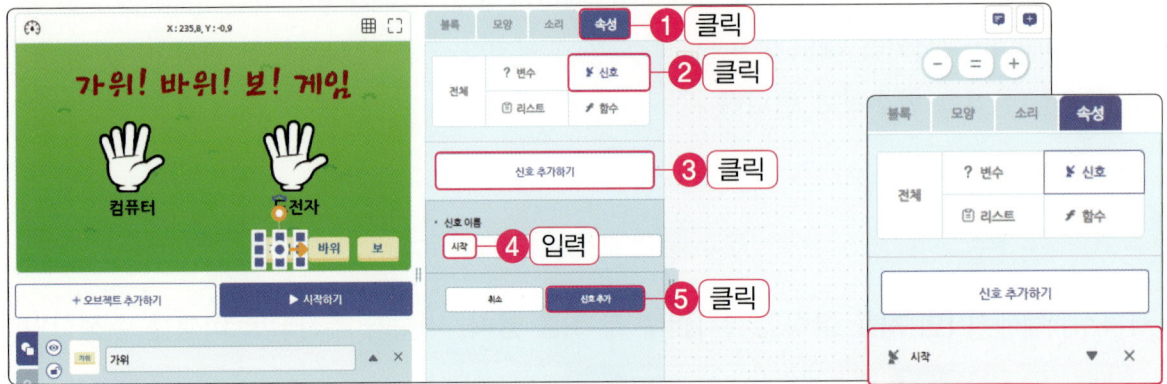

2 [속성] 탭의 [변수]를 클릭한 후 [변수 추가하기]를 클릭하여 변수가 생성되면 **변수 이름(선택)**을 수정한 후 실행 화면의 왼쪽 위에 배치합니다.

3 가위 및 바위, 보 오브젝트의 [블록] 탭에서 [시작] 및 [자료] 꾸러미 등을 이용하여 다음과 같이 **블록을 코딩**합니다.

가위 오브젝트를 클릭했을 때 선택 변수의 값을 1로 정합니다.

바위 오브젝트를 클릭했을 때 선택 변수의 값을 2로 정합니다.

보 오브젝트를 클릭했을 때 선택 변수의 값을 3으로 정합니다.

Step 02 텍스트 제목 설정 및 컴퓨터의 선택 만들기

1 **제목 오브젝트**의 [블록] 탭에서 [시작하기]를 클릭했을 때 가위, 바위, 보를 텍스트로 표시하고 시작 신호를 보내기 위해 다음과 같이 **블록을 코딩**합니다.

[시작하기]를 클릭했을 때 아래의 기능을 실행합니다.
- 1초를 기다렸다가 제목 글상자에 '가위!!'라고 글을 씁니다.
- 1초를 기다렸다가 제목 글상자에 '바위!!'라고 글을 씁니다.
- 1초를 기다렸다가 제목 글상자에 '보!!'라고 글을 씁니다.
- [시작] 신호를 보내고 2초를 기다렸다가 처음부터 다시 실행합니다.

2 **컴퓨터 오브젝트**의 [블록] 탭에서 [시작하기]를 클릭했을 때 모양을 숨겼다가 [시작] 신호를 받았을 때 모양을 보이고 임의의 가위, 바위, 보 모양으로 바꾸기 위해 다음과 같이 **블록을 코딩**합니다.

[시작하기]를 클릭했을 때 컴퓨터(가위/바위/보) 오브젝트의 모양을 숨깁니다.

[시작] 신호를 받았을 때 아래의 기능을 실행합니다.
- 컴퓨터(가위/바위/보) 모양을 보입니다.
- 컴퓨터(가위/바위/보) 모양을 1부터 3사이의 무작위 수 모양으로 바꿉니다.
 (컴퓨터(가위/바위/보) 모양 중에서 임의의 모양을 선택하기 위함)

Step 03 도전자의 선택에 따른 가위/바위/보 모양 바꾸기

1 **도전자 오브젝트**의 [블록] 탭에서 [시작하기]를 클릭했을 때 모양을 숨겼다가 [시작] 신호를 받았을 때 모양을 보이고 선택 변수의 값에 따라 가위, 바위, 보 모양으로 바꾸기 위해 다음과 같이 **블록을 코딩**합니다.

[시작하기]를 클릭했을 때 도전자(가위/바위/보) 오브젝트의 모양을 숨깁니다.

[시작하기]를 클릭했을 때 아래의 기능을 실행합니다.
- 도전자(가위/바위/보) 오브젝트의 모양을 보입니다.
- 만일 선택 변수의 값이 1이면 도전자 오브젝트의 모양을 '가위' 모양으로 바꿉니다.
- 만일 선택 변수의 값이 2이면 도전자 오브젝트의 모양을 '바위' 모양으로 바꿉니다.
- 만일 선택 변수의 값이 3이면 도전자 오브젝트의 모양을 '보' 모양으로 바꿉니다.

2 [시작하기]를 클릭한 후 가위, 바위, 보 텍스트가 표시되기 전 원하는 단추(가위, 바위, 보)를 선택, 컴퓨터와 가위, 바위, 보, 게임을 실행합니다.

창의력 UPgrade

1 '2단외우기' 파일을 열고 결과화면과 같이 2단을 말할 때 블록 조립소의 블록 코딩에서 빈 곳을 채워 완성해 보세요.

2 '구구단' 파일을 열고 결과화면과 같이 2~9단 외우기를 말할 때 블록 조립소의 블록 코딩에서 빈 곳을 채워 완성해 보세요.

Chapter 10

뱀을 피하는 개구리 게임 만들기

오늘의 놀이
- 변수를 이용한 뱀의 위치 변경 및 이동 방법을 알아봅니다.
- 방향키를 이용한 개구리의 움직임을 알아봅니다.

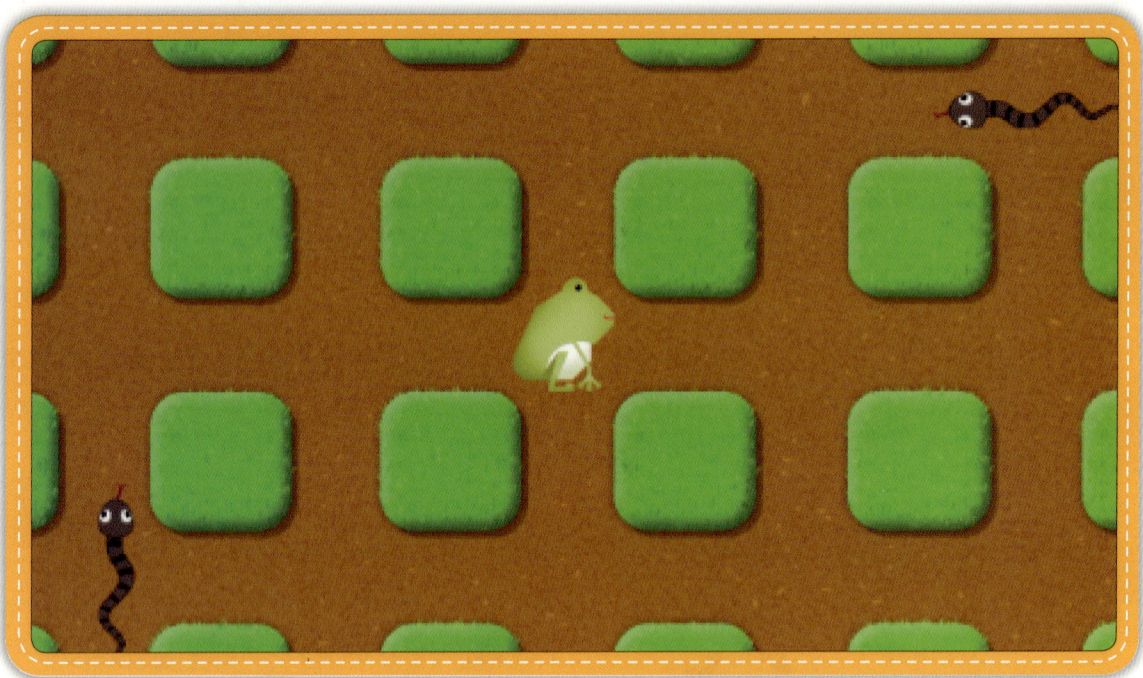

 놀이 규칙

- 가로 및 세로 방향에서 움직이는 뱀을 방향키를 이용하여 피하는 게임이다.
- 개구리가 뱀에 닿으면 게임이 종료된다.

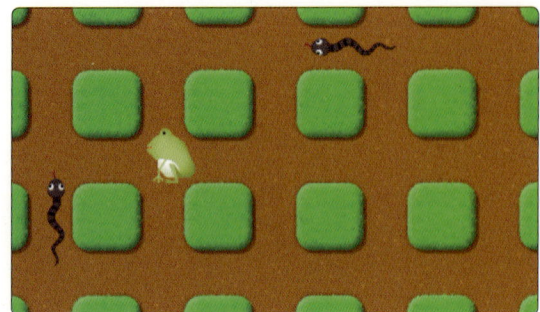 

변수를 이용한 아티스트의 그림 그리기

1. http://code.org의 [학생들]을 클릭합니다.
2. [익스프레스 과정]을 클릭한 후 [19: 변수와 아티스트]의 1단계를 클릭합니다.
3. 화면 위쪽 설명을 이해한 후 블록을 이용, 작업 영역에 코딩을 연결하여 실행해 봅니다.
4. 1단계부터 10단계까지 단계별로 과정을 진행합니다.

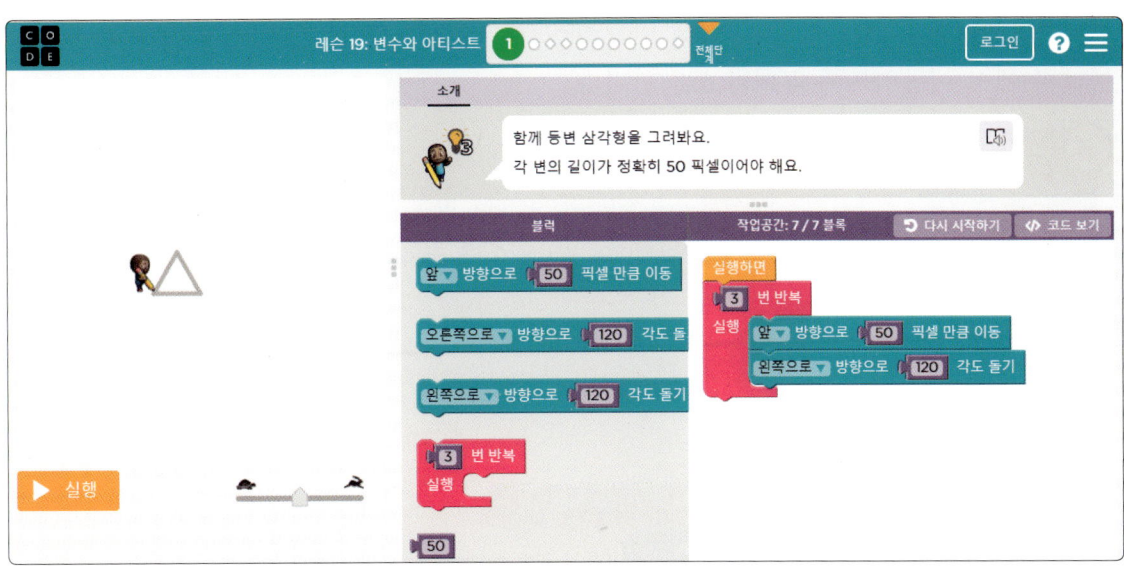

[6단계] 핵심 블록 알아보기

❶ 앞으로 length 변수의 값(50) 만큼 이동 후 왼쪽 방향으로 120도 각도로 회전합니다.

Step 01 변수를 이용한 뱀1의 움직임 만들기

1 '개구리점프' 파일을 열고 [속성] 탭에서 [변수]를 클릭한 후 [변수 추가하기]를 클릭, 세로위치(모든 오브젝트에 사용/일반 변수로 사용) 및 가로위치(모든 오브젝트에 사용/일반 변수로 사용) 변수를 생성하고 변수 보이기(◉)를 클릭하여 변수 숨기기(◌)로 화면에서 모두 숨깁니다.

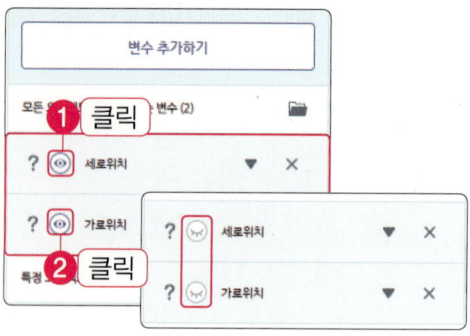

2 뱀1 오브젝트의 [블록] 탭에서 뱀1이 반복하여 오른쪽에서 왼쪽으로 특정 높이(위쪽/가운데/아래쪽)에서 이동하도록 블록을 코딩합니다.

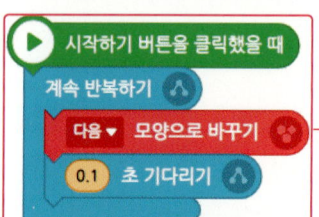

[시작하기]를 클릭했을 때 계속 반복하여 아래의 기능을 실행합니다.
– 뱀1 오브젝트의 모양을 0.1초 단위로 다음 모양으로 바꿉니다.

[시작하기]를 클릭했을 때 계속 반복하여 아래의 기능을 실행합니다.
– 가로위치 변수의 값을 1부터 3사이의 무작위 수로 정합니다.
– 만일 가로위치 값이 1이면 ❶번 위치(x:280, y:100)로 이동합니다.
– 만일 가로위치 값이 2이면 ❷번 위치(x:280, y:0)로 이동합니다.
– 만일 가로위치 값이 3이면 ❸번 위치(x:280, y:-100)로 이동합니다.
– 2부터 4사이의 무작위 수 초 동안 가로 왼쪽 끝 위치(x:-290, y:자신의 y좌푯값)로 이동합니다.
– 0.1부터 1사이의 무작위 수 초 동안 기다립니다.

Step 02   변수를 이용한 뱀2의 움직임 만들기

1 **뱀2 오브젝트**의 [블록] 탭에서 뱀2가 반복하여 아래쪽에서 위쪽으로 특정 위치에서 이동하도록 **블록을 코딩**합니다.

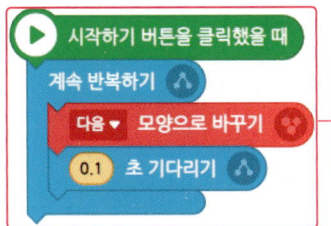

[시작하기]를 클릭했을 때 계속 반복하여 아래의 기능을 실행합니다.
– 뱀1 오브젝트의 모양을 0.1초 단위로 다음 모양으로 바꿉니다.

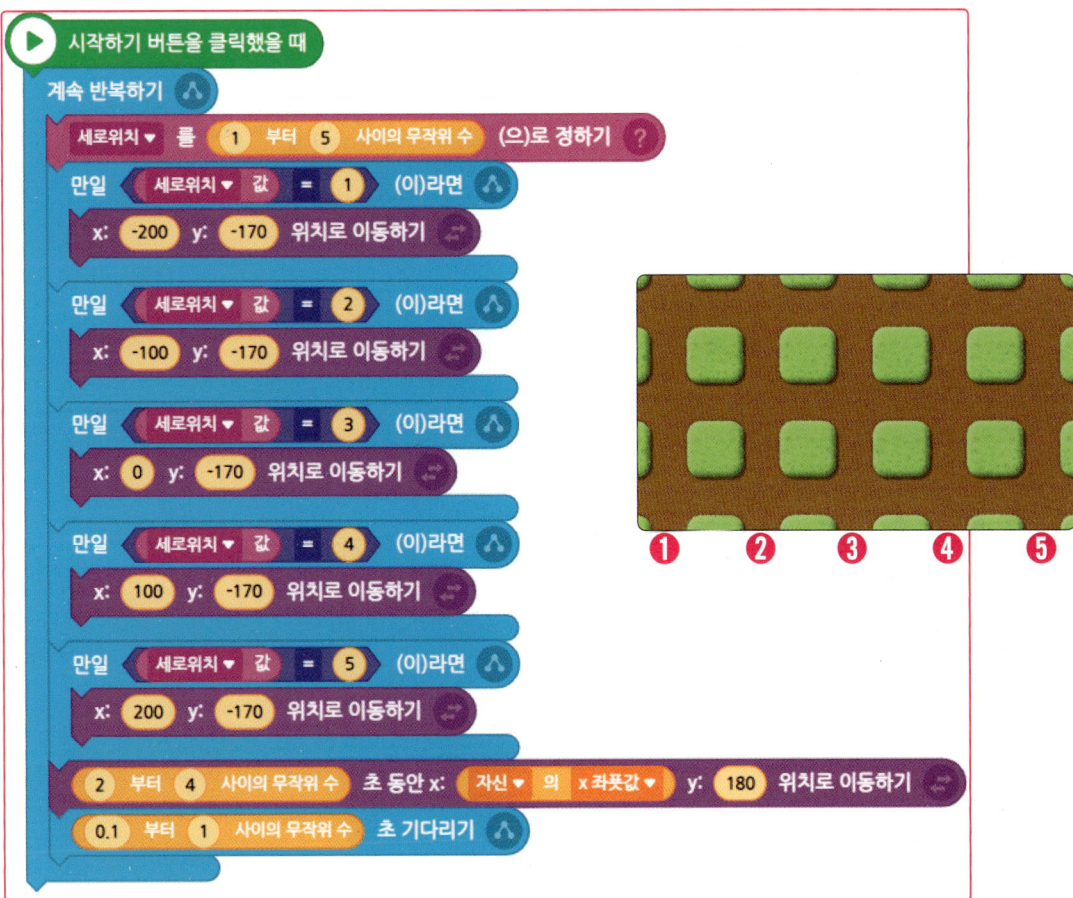

[시작하기]를 클릭했을 때 계속 반복하여 아래의 기능을 실행합니다.
– 세로위치 변수의 값을 1부터 5사이의 무작위 수로 정합니다.
– 만일 세로위치 값이 1이면 ❶번 위치(x:–200, y:–170)로 이동합니다.
– 만일 세로위치 값이 2이면 ❷번 위치(x:–100, y:–170)로 이동합니다.
– 만일 세로위치 값이 3이면 ❸번 위치(x:0, y:–170)로 이동합니다.
– 만일 세로위치 값이 4이면 ❹번 위치(x:100, y:–170)로 이동합니다.
– 만일 세로위치 값이 5이면 ❺번 위치(x:200, y:–170)로 이동합니다.
– 2부터 4사이의 무작위 수 초 동안 세로 위쪽 끝 위치(x:자신의 x좌푯값, y:180)로 이동합니다.
– 0.1부터 1사이의 무작위 수 초 동안 기다립니다.

10장 • 뱀을 피하는 개구리 게임 만들기

Step 03   개구리의 점프 동작 및 이동과 게임 종료 만들기

1 **개구리 오브젝트**의 [블록] 탭에서 방향키에 따른 개구리의 점프 동작과 이동을 **블록으로 코딩**합니다.

❶ 오른쪽 화살표를 눌렀을 경우 개구리의 오른쪽 방향을 바라보는 모양과 함께 점프 동작을 하고 이동 방향 지정 및 움직임을 블록으로 코딩합니다.

2 **개구리 오브젝트**의 [블록] 탭에서 개구리가 뱀1 또는 뱀2에 닿았을 경우 게임을 종료하도록 **블록을 코딩**합니다.

[시작하기]를 클릭했을 때 계속 반복하여 아래의 기능을 실행합니다.
- 만일 뱀1 또는 뱀2에 닿았을 경우 모든 코드를 멈추어 게임을 종료합니다.

3 **[시작하기] 버튼을 클릭**한 후 방향키를 이용하여 뱀들을 피해 움직이며, 뱀에 닿았을 경우 게임이 종료되는지 확인합니다.

1 '전갈피하기' 파일을 열고 다음과 같이 전갈1~2의 움직임을 프로그램 코딩으로 완성해 보세요.

전갈1
- [시작하기]를 클릭했을 때 계속 반복하여 아래의 기능을 실행합니다.
  - 가로위치를 1부터 3사이의 무작위 수로 정합니다.
  - 만일 가로위치 값이 1이면 x:-280, y:100 위치로 이동합니다.
  - 만일 가로위치 값이 2이면 x:-280, y:0 위치로 이동합니다.
  - 만일 가로위치 값이 3이면 x:-280, y:-100 위치로 이동합니다.
  - 2부터 4사이의 무작위 수 초 동안 x:280, y:자신의 y좌푯값 위치로 이동합니다.
  - 0.1부터 1사이의 무작위 수 초 동안 기다립니다.

전갈2
- [시작하기]를 클릭했을 때 계속 반복하여 아래의 기능을 실행합니다.
  - 세로위치를 1부터 5사이의 무작위 수로 정합니다.
  - 만일 세로위치 값이 1이면 x:-200, y:170 위치로 이동합니다.
  - 만일 세로위치 값이 2이면 x:-100, y:170 위치로 이동합니다.
  - 만일 세로위치 값이 3이면 x:0, y:170 위치로 이동합니다.
  - 만일 세로위치 값이 4이면 x:100, y:170 위치로 이동합니다.
  - 만일 세로위치 값이 5이면 x:200, y:170 위치로 이동합니다.
  - 2부터 4사이의 무작위 수 초 동안 x:자신의 x좌푯값, y:-180 위치로 이동합니다.
  - 0.1부터 1사이의 무작위 수 초 동안 기다립니다.

Chapter 11

자동차를 피하는 개구리 게임 만들기

오늘의 놀이
- 변수를 이용한 방향 선택 방법에 대해 알아봅니다.
- 양쪽 방향에서 움직이는 자동차를 만들어봅니다

 놀이 규칙

- 왼쪽에서 오른쪽, 오른쪽에서 왼쪽, 아래쪽에서 위쪽 등 다양하게 움직이는 자동차를 방향키를 이용하여 개구리를 움직여 피하는 게임이다.

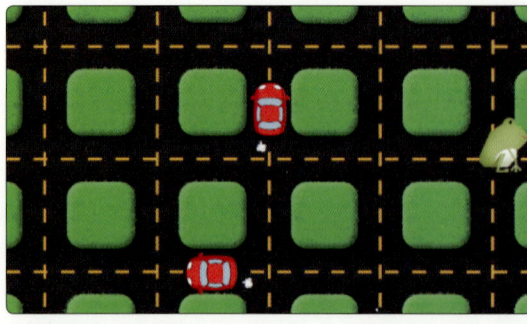
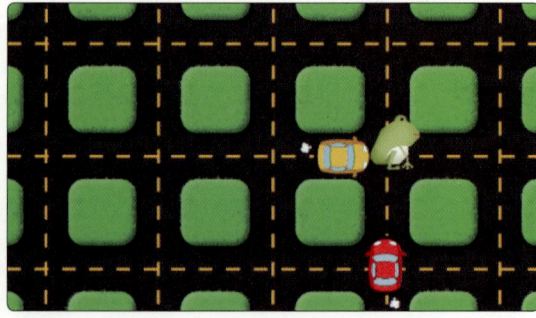

🔴🔵🟢 조건 및 루프로 화난새의 돼지에게 가기

1. http://code.org의 [학생들]을 클릭합니다.
2. [과정D]를 클릭한 후 [12: 미로 내 조건 및 루프]의 1단계를 클릭합니다.
3. 화면 위쪽 설명을 이해한 후 블록을 이용, 작업 영역에 코딩을 연결하여 실행해 봅니다.
4. 1단계부터 13단계까지 단계별로 과정을 진행합니다.

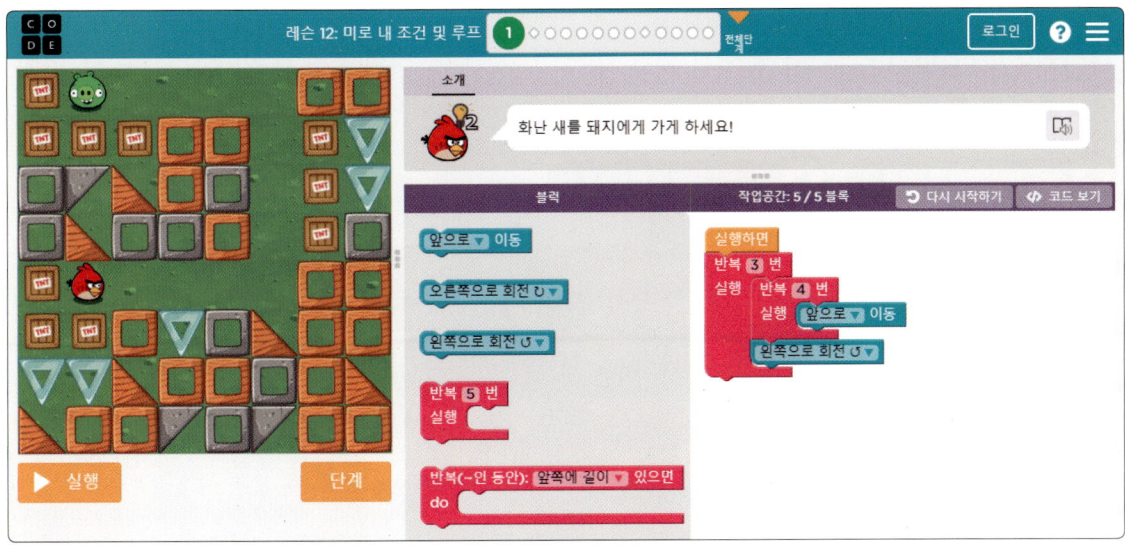

[6단계] 핵심 블록 알아보기

❶ 해바라기에게 도착할때까지 블록 안의 내용을 반복합니다.
❷ 만약, 왼쪽에 길이 있다면 왼쪽으로 회전합니다.

Step 01 신호 및 변수 확인과 자동차3의 움직임 만들기

1 '자동차피하기' 파일을 열고 [속성] 탭에서 **생성된 신호 및 변수를 확인**합니다.

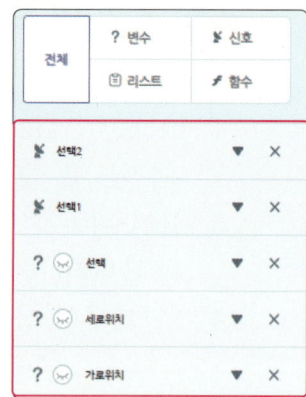

2 **자동차3 오브젝트**의 [블록] 탭에서 자동차3이 반복하여 아래쪽에서 위쪽으로 특정 위치에서 이동하도록 **블록을 코딩**합니다.

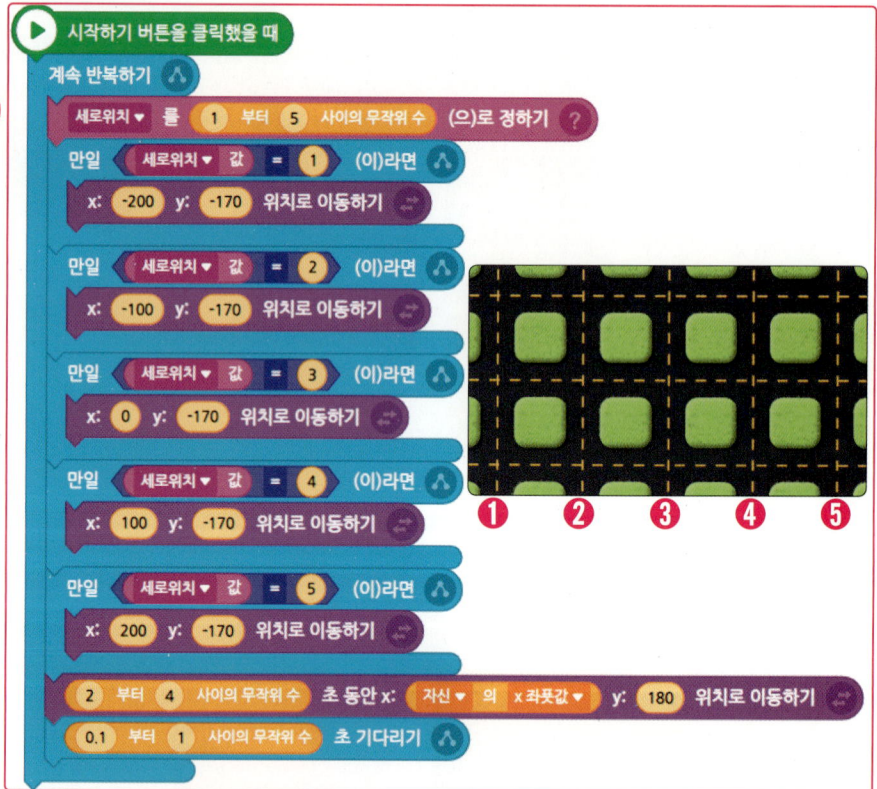

[시작하기]를 클릭했을 때 계속 반복하여 아래의 기능을 실행합니다.
- 세로위치 변수의 값을 1부터 5사이의 무작위 수로 정합니다.
- 만일 세로위치 값이 1이면 ❶번 위치(x:-200, y:-170)로 이동합니다.
- 만일 세로위치 값이 2이면 ❷번 위치(x:-100, y:-170)로 이동합니다.
- 만일 세로위치 값이 3이면 ❸번 위치(x:0, y:-170)로 이동합니다.
- 만일 세로위치 값이 4이면 ❹번 위치(x:100, y:-170)로 이동합니다.
- 만일 세로위치 값이 5이면 ❺번 위치(x:200, y:-170)로 이동합니다.
- 2부터 4사이의 무작위 수 초 동안 세로 위쪽 끝 위치(x:자신의 x좌푯값, y:180)로 이동합니다.
- 0.1부터 1사이의 무작위 수 초 동안 기다립니다.

Step 02 자동차1과 자동차2의 움직임 만들기

1 **자동차1과 자동차2 오브젝트**의 [블록] 탭에서 [선택1]과 [선택2]의 신호를 받았을 때 자동차1은 왼쪽 임의의 위치에서 오른쪽으로, 자동차2는 오른쪽 임의의 위치에서 왼쪽으로 이동하도록 **블록을 코딩**합니다.

[선택1] 신호를 받았을 때 아래의 기능을 실행합니다.
- 자동차1의 모양을 보이고 가로위치 변수의 값을 1부터 3사이의 무작위 수로 정합니다.
- 만일 가로위치 값이 1이면 ❶번 위치(x:280, y:100)로 이동합니다.
- 만일 가로위치 값이 2이면 ❷번 위치(x:280, y:0)로 이동합니다.
- 만일 가로위치 값이 3이면 ❸번 위치(x:280, y:-100)로 이동합니다.
- 2부터 4사이의 무작위 수 초 동안 가로 왼쪽 끝 위치(x:-290, y:자신의 y좌푯값)로 이동합니다.
- 0.1부터 1사이의 무작위 수 초 동안 기다립니다.

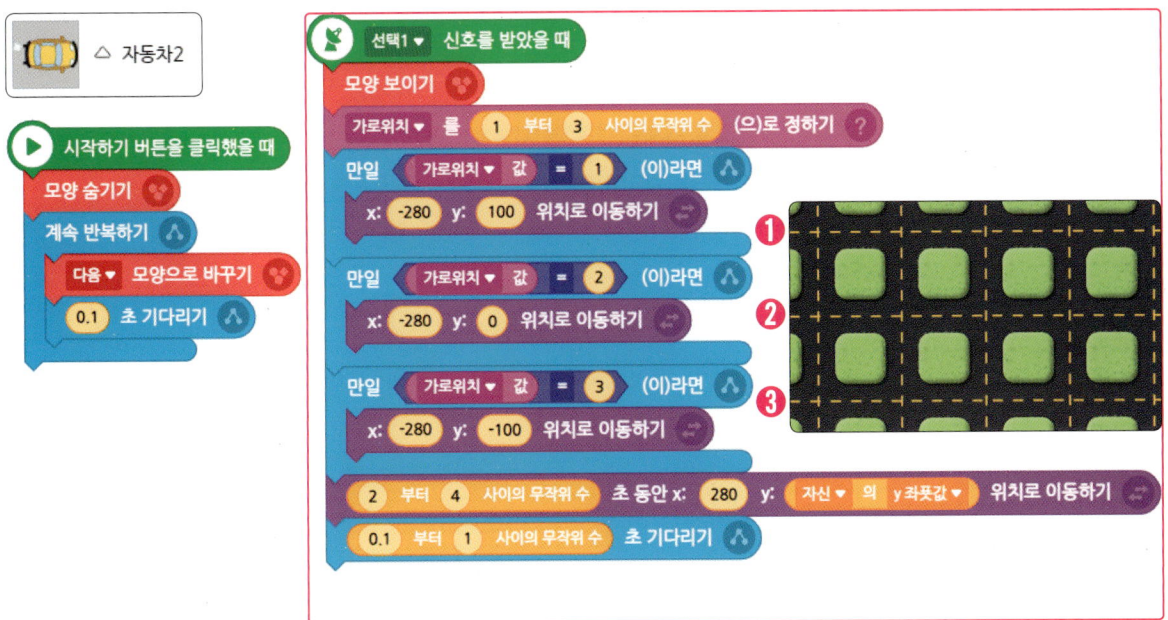

Step 03   선택 변수에 따른 자동차의 움직임 선택 만들기

1 **배경 오브젝트**의 [블록] 탭에서 자동차1 또는 자동차2를 신호에 의하여 선택, 해당 자동차가 움직이도록 **블록을 코딩**합니다.

[시작하기]를 클릭했을 때 계속 반복하여 아래의 기능을 실행합니다.
- 선택 변수의 값을 1부터 2사이의 무작위 수로 정합니다.
- 만일 선택 값이 1이면 [선택1] 신호를 보낸 후 [선택1] 신호에 의한 실행이 끝날 때까지 기다리고 그렇지 않으면 [선택2] 신호를 보낸 후 [선택2] 신호에 의한 실행이 끝날 때까지 기다립니다.

2 **개구리 오브젝트**의 [블록] 탭에서 방향키에 따른 개구리의 움직임을 블록 조립소에서 확인한 후 자동차1 ~ 자동차3 중 어떤 자동차든지 개구리와 닿으면 게임이 종료되도록 **블록 코딩을 추가**합니다.

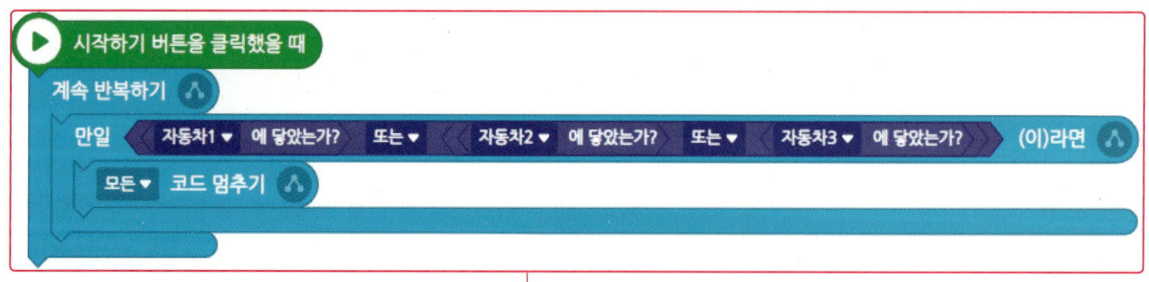

[시작하기]를 클릭했을 때 계속 반복하여 아래의 기능을 실행합니다.
- 만일 자동차1 또는 자동차2 또는 자동차3에 닿았을 경우 모든 코드를 멈추어 게임을 종료합니다.

3 [시작하기]를 **클릭**한 후 왼쪽 또는 오른쪽에서 움직이는 자동차와 아래에서 위로 움직이는 자동차를 방향키로 피하는 개구리 게임을 실행해 봅니다.

1 '개구리게임' 파일을 열고 개구리가 5회에 걸쳐 닿았을 경우 게임이 종료되도록 프로그램 코딩을 수정해 보세요.

개구리 오브젝트

- [시작하기]를 클릭했을 때 횟수 변수의 값을 5로 정하고 계속 반복하여 아래의 기능을 실행합니다.
  - 만일 자동차1 또는 자동차2 또는 자동차3에 닿았을 경우 횟수 변수의 값을 1씩 차감한 후 아래의 기능을 실행합니다.
    ‥ 만일 횟수 변수의 값이 0이면 모든 코드를 멈추어 게임을 종료합니다.
    ‥ 1초를 기다립니다.

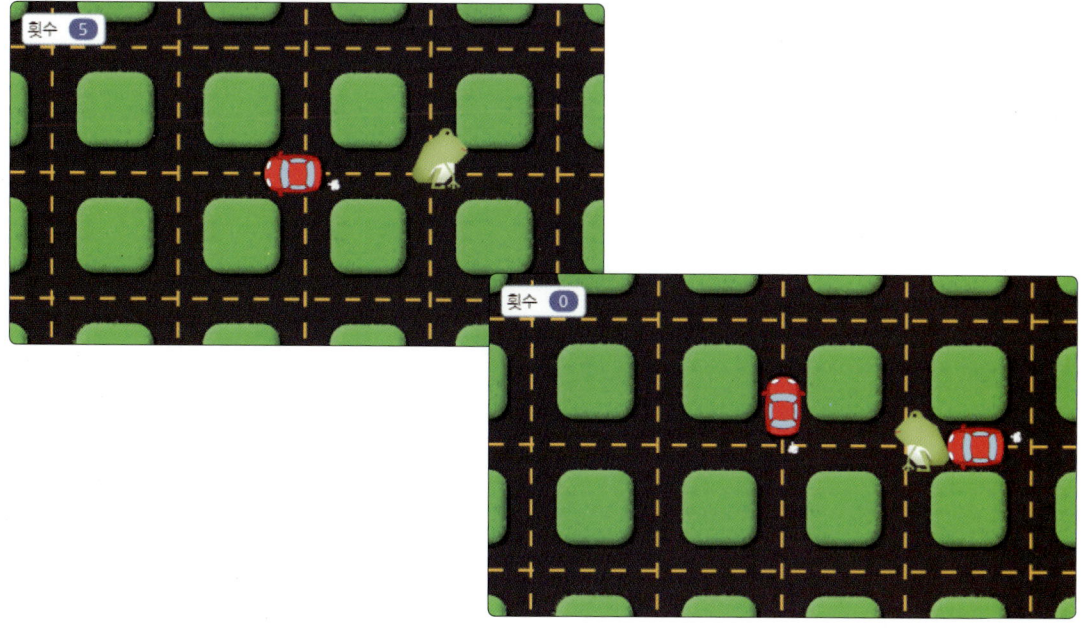

11장 · 자동차를 피하는 개구리 게임 만들기 **73**

Chapter 12

공차기 게임 만들기

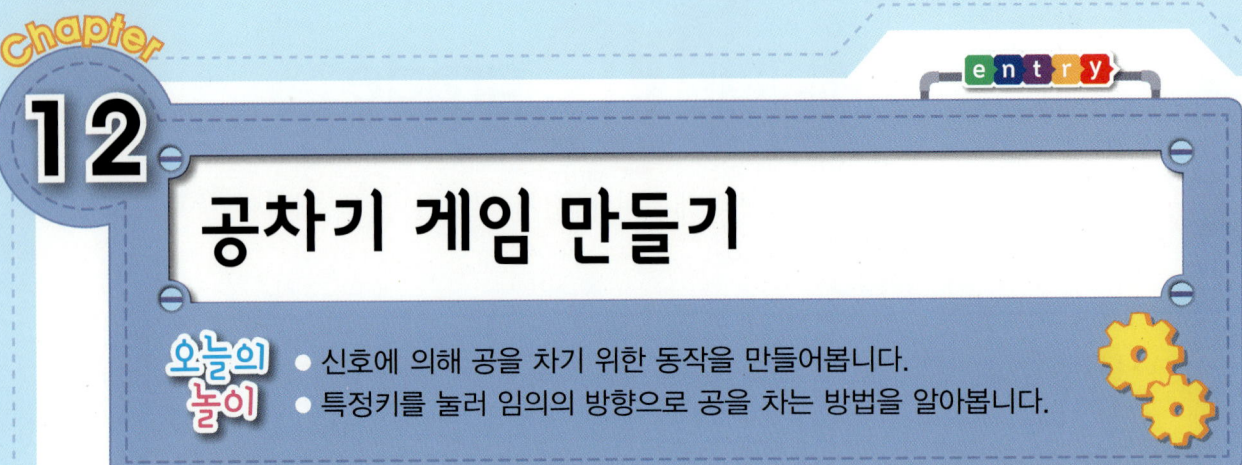

- 신호에 의해 공을 차기 위한 동작을 만들어봅니다.
- 특정키를 눌러 임의의 방향으로 공을 차는 방법을 알아봅니다.

놀이 규칙

- '3', '2', '1', 'kick' 순서로 신호가 표시될 때 키보드의 스페이스키를 눌러 키커의 동작과 함께 골대의 임의의 방향으로 공을 차는 게임이다.

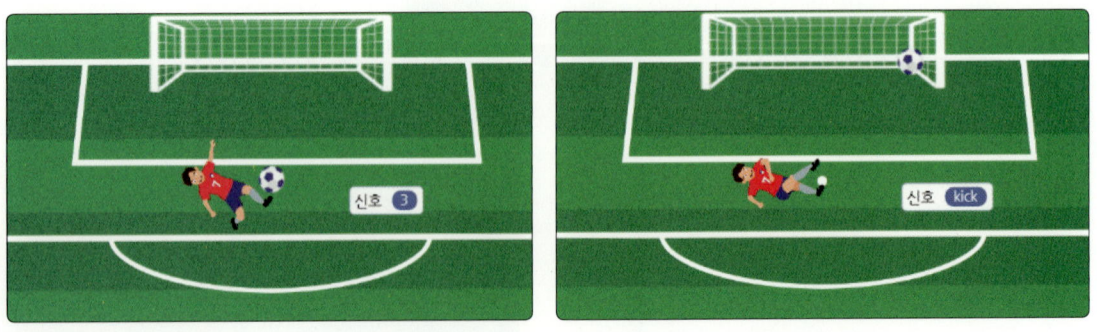

수확인 내 조건 및 루프로 옥수수 수확하기

1. http://code.org의 [학생들]을 클릭합니다.
2. [과정D]를 클릭한 후 [13: 수확인 내 조건 및 루프]의 1단계를 클릭합니다.
3. 화면 위쪽 설명을 이해한 후 블록을 이용, 작업 영역에 코딩을 연결하여 실행해 봅니다.
4. 1단계부터 10단계까지 단계별로 과정을 진행합니다.

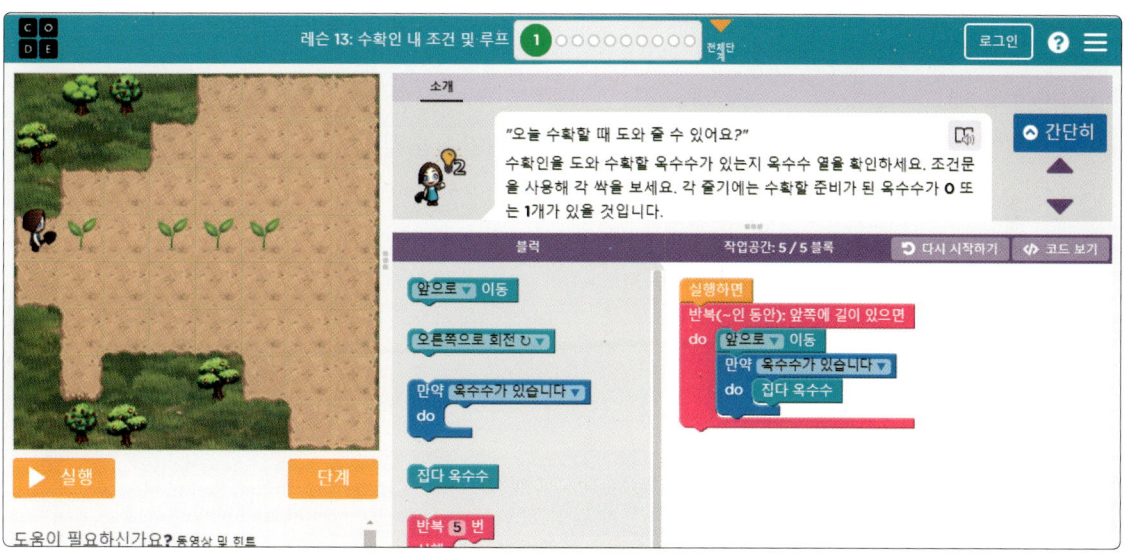

[3단계] 핵심 블록 알아보기

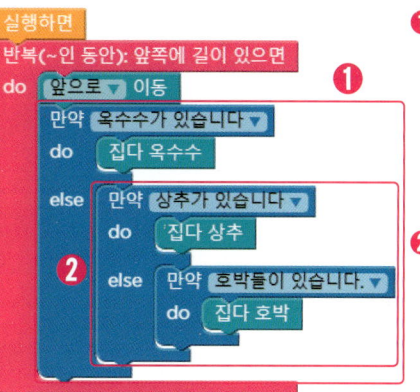

❶ 만약 옥수수가 있다면 do에 해당하는 블록을 실행하고 그렇지 않으면 else에 해당하는 블록을 실행합니다.

❷ 만약 상추가 있다면 do에 해당하는 블록을 실행하고 그렇지 않으면 else에 해당하는 블록을 실행합니다.

12장 • 공차기 게임 만들기

Step 01 신호 및 변수 생성과 오브젝트의 모양 확인하기

1 '공차기' 파일을 열고 [속성] 탭에서 **슛 신호**와 **신호 및 차는방향 변수**를 확인한 후 **차는방향 변수**는 실행 창에서 숨기고 신호 변수는 위치를 조정합니다.

2 **키커 오브젝트**의 [모양] 탭에서 키커의 모양이 2가지 동작인지 확인합니다.

Step 02 신호 카운트 및 키커의 동작 만들기

1 **축구장 오브젝트**의 [블록] 탭에서 다음과 같이 **블록을 코딩**하여 [시작하기]를 클릭했을 때 신호 변수의 값을 지정합니다.

[시작하기]를 클릭했을 때 아래의 기능을 실행합니다.
- 신호 변수의 값을 '3'으로 정합니다.
- 1초를 기다린 후 신호 변수의 값을 '2'로 정합니다.
- 1초를 기다린 후 신호 변수의 값을 '1'로 정합니다.
- 1초를 기다린 후 신호 변수의 값을 'kick'으로 정합니다.

2 **키커 오브젝트**의 [블록] 탭에서 다음과 같이 **블록을 코딩**하여 [시작하기]를 클릭했을 때 슛 동작을 만들어 봅니다.

[시작하기]를 클릭했을 때 아래의 기능을 실행합니다.
- 키커 오브젝트를 공 근처 위치(x:-40, y:-15)로 이동합니다.
- 키커 오브젝트의 모양을 슛동작1 모양으로 바꿉니다.

스페이스키를 눌렀을 때 아래의 기능을 실행합니다.
- 만일 신호 변수의 값이 'kick'이라면 아래의 기능을 실행합니다.
  ·· 차는방향 변수의 값을 1부터 3사이의 무작위 수로 정합니다.
  ·· 키커 오브젝트의 모양을 슛동작2 모양으로 바꿉니다.
  ·· [슛] 신호를 보냅니다.

Step 03 · kick 신호에 의한 축구공의 동작 만들기

1 **축구공 오브젝트**의 [블록] 탭에서 다음과 같이 **블록을 코딩**하여 슛 신호에 의한 공의 움직임을 만들어 봅니다.

> [시작하기]를 클릭했을 때 축구공을 패널티킥 지점 가운데 위치(x:0, y:-10)로 이동합니다.

[슛] 신호를 받았을 때 아래의 기능을 실행합니다.
 - 만일 차는방향 변수의 값이 1이면 0.2부터 0.5사이의 무작위 수 초 동안 골대의 왼쪽 위치(x:-80, y:100)로 움직입니다.
 - 만일 차는방향 변수의 값이 2이면 0.2부터 0.5사이의 무작위 수 초 동안 골대의 가운데 위치(x:0, y:100)로 움직입니다.
 - 만일 차는방향 변수의 값이 3이면 0.2부터 0.5사이의 무작위 수 초 동안 골대의 오른쪽 위치(x:80, y:100)로 움직입니다.

2 [시작하기]를 클릭한 경우 신호 변수의 카운트에서 kick 메시지가 표시될 때 키보드의 스페이스키를 눌러 키커가 공을 차고 공이 골대로 이동하는지 확인합니다.

1 '선택공차기' 파일을 열고 오른쪽, 가운데, 왼쪽 단추 등을 이용하여 kick 메시지가 표시될 때 원하는 방향으로 공을 차도록 프로그램을 코딩해 보세요.

왼쪽버튼 오브젝트
- 오브젝트를 클릭했을 때 아래의 기능을 실행합니다.
  - 만일 신호 변수의 값이 'kick'이라면 차는방향 변수의 값을 1로 정합니다.
  - [슛] 신호를 보냅니다.

가운데버튼 오브젝트
- 오브젝트를 클릭했을 때 아래의 기능을 실행합니다.
  - 만일 신호 변수의 값이 'kick'이라면 차는방향 변수의 값을 2로 정합니다.
  - [슛] 신호를 보냅니다.

오른쪽버튼 오브젝트
- 오브젝트를 클릭했을 때 아래의 기능을 실행합니다.
  - 만일 신호 변수의 값이 'kick'이라면 차는방향 변수의 값을 3으로 정합니다.
  - [슛] 신호를 보냅니다.

승부차기 게임 만들기

오늘의 놀이
- 글상자를 이용한 실행 창의 텍스트 표시 방법을 알아봅니다.
- 변수를 이용한 골키퍼의 동작 및 신호 방법을 알아봅니다.

🕹 놀이 규칙

- 키보드의 스페이스 키를 누르면 신호가 카운트다운 되며, kick 신호일 때 왼쪽, 가운데, 오른쪽 단추 중에서 하나를 눌러 공을 차는 방향을 선택한다.
- 골이 들어가면 '골인'을 표시하고 골키퍼에 막히면 '노골'을 표시한다.

이벤트를 이용한 재미있는 게임 만들기

1. http://code.org의 [학생들]을 클릭합니다.
2. [과정D]를 클릭한 후 [15: 플레이랩 게임 만들기]의 1단계를 클릭합니다.
3. 화면 위쪽 설명을 이해한 후 블록을 이용, 작업 영역에 코딩을 연결하여 실행해 봅니다.
4. 1단계부터 8단계까지 단계별로 과정을 진행합니다.

[6단계] 핵심 블록 알아보기

❶ 만약 페그레그의 점수가 5점을 초과하면 승리로 게임을 끝냅니다.

Step 01 글상자를 이용한 승부 알림 만들기

1 '승부차기' 파일을 열고 [오브젝트 추가하기]를 **클릭**한 후 [오브젝트 추가하기] 화면의 [글상자] 탭에서 **글꼴(잘난체), 굵게(가), 글자색(빨강), 바탕색(투명), 내용(승부차기)** 등을 **지정**한 다음 [추가하기] 단추를 **클릭**합니다.

2 **글상자 오브젝트**의 [블록] 탭에서 다음과 같이 **블록을 코딩**하여 골 및 노골 신호에 의한 글상자 표시를 지정합니다.

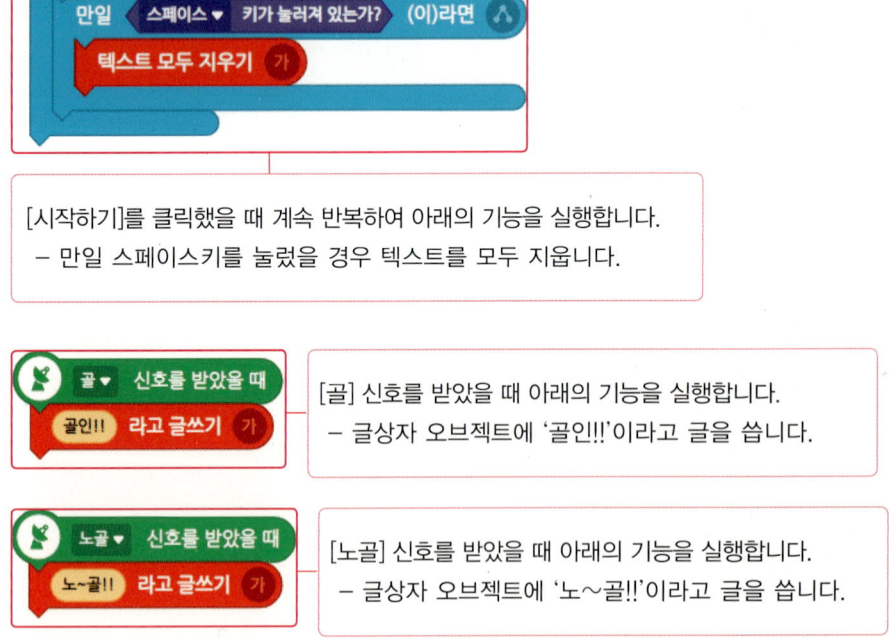

[시작하기]를 클릭했을 때 계속 반복하여 아래의 기능을 실행합니다.
 – 만일 스페이스키를 눌렀을 경우 텍스트를 모두 지웁니다.

[골] 신호를 받았을 때 아래의 기능을 실행합니다.
 – 글상자 오브젝트에 '골인!!'이라고 글을 씁니다.

[노골] 신호를 받았을 때 아래의 기능을 실행합니다.
 – 글상자 오브젝트에 '노~골!!'이라고 글을 씁니다.

Step 02 골키퍼의 모양 확인 및 움직임 만들기

1 **축구장 오브젝트**의 [블록] 탭에서 다음과 같이 **블록을 코딩**하여 스페이스키를 눌렀을 때 신호를 만듭니다.

[스페이스]키를 클릭했을 때 아래의 기능을 실행합니다.
- 신호 변수의 값을 '3'으로 정합니다.
- 1초를 기다린 후 신호 변수의 값을 '2'로 정합니다.
- 1초를 기다린 후 신호 변수의 값을 '1'로 정합니다.
- 1초를 기다린 후 신호 변수의 값을 'kick'으로 정합니다.

2 **골키퍼 오브젝트**의 [블록] 탭에서 다음과 같이 **블록을 코딩**하여 슛 동작에 의한 골키퍼의 움직임을 만듭니다.

[슛] 신호를 받았을 때 아래의 기능을 실행합니다.
- 신호 변수의 값을 '준비'로 정하고 막는방향 변수의 값을 1부터 3사이의 무작위 수로 정합니다.
- 만일 막는방향이 1이면 골키퍼의 모양을 골키퍼-중앙 모양으로 바꿉니다.
- 만일 막는방향이 2이면 골키퍼의 모양을 골키퍼-왼쪽 모양으로 바꾸고 0.1부터 0.5사이의 무작위 수 초 동안 골대의 왼쪽 위치(x:-50, y:80)로 이동합니다.
- 만일 막는방향이 3이면 골키퍼의 모양을 골키퍼-오른쪽 모양으로 바꾸고 0.1부터 0.5사이의 무작위 수 초 동안 골대의 오른쪽 위치(x:50, y:80)로 이동합니다.
- 0.5초를 기다렸다가 골대의 가운데 위치(x:0, y:80)로 이동한 후 골키퍼의 모양을 골키퍼-중앙 모양으로 바꿉니다.

13장 • 승부차기 게임 만들기

Step 03 kick 신호에 의한 축구공의 동작 만들기

1 **키커 및 축구공 오브젝트**의 [블록] 탭에 다음과 같이 코딩합니다.

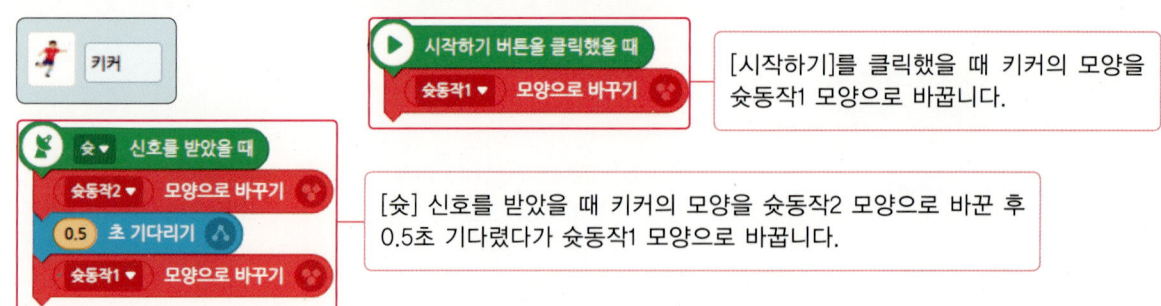

[슛] 신호를 받았을 때 아래의 기능을 실행합니다.
- 만일 차는방향 변수의 값이 1이면 0.2부터 0.5사이의 무작위 수 초 동안 골대의 왼쪽 위치(x:-80, y:100)로 움직입니다.
- 만일 차는방향 변수의 값이 2이면 0.2부터 0.5사이의 무작위 수 초 동안 골대의 가운데 위치(x:0, y:100)로 움직입니다.
- 만일 차는방향 변수의 값이 3이면 0.2부터 0.5사이의 무작위 수 초 동안 골대의 오른쪽 위치(x:80, y:100)로 움직입니다.
- 만일 골키퍼에 닿았을 경우 [노골] 신호를 보내고 그렇지 않으면 [골] 신호를 보냅니다.
- 0.5초를 기다렸다가 축구공을 차기 전 위치인 가운데 위치(x:0, y:-10)로 이동합니다.

2 **[시작하기]를 클릭**한 경우 스페이스키를 눌러 신호 변수의 카운트가 시작되는지 확인합니다. kick 메시지가 표시될 때 원하는 방향 단추를 눌러 키커가 공을 차고 공이 골대로 이동하는지 확인합니다.

창의력 UPgrade

1 '횟수제한승부차기' 파일을 열고 다음의 조건에 따라 5회 승부차기를 통해 4번 이상 골이 들어가면 빨강팀이 승리하는 게임을 만들어 보세요.

변수 추가
- 횟수 : 승부차기 전체 횟수를 카운트하기 위한 변수로 만듭니다.
- 골횟수 : 승부차기 결과 골이 들어갔을 경우 횟수를 세기 위한 변수로 만듭니다.

글상자 오브젝트
- [시작하기]를 클릭했을 때 횟수를 0으로 정하고 계속 반복하여 아래의 기능을 실행합니다.
  - 만일 스페이스키를 눌렀을 경우 텍스트를 모두 지웁니다.
  - 만일 횟수의 값이 5이면 1초를 기다렸다가 아래의 기능을 실행합니다.
    ‥ 만일 골횟수 값이 4이상이면 '빨강팀 승리!!'라고 글을 쓰고 그렇지 않으면 '노랑팀 승리!!'라고 글을 씁니다.
    ‥ 모든 코드를 멈추어 게임을 종료합니다.
- [노골] 신호를 받았을 때 '노~골!!'이라고 글을 쓰고 횟수의 값을 1만큼 더합니다.
- [골] 신호를 받았을 때 '골인!!'이라고 글을 쓰고 횟수 및 골횟수의 값을 1만큼 더합니다.

Chapter 14 떨어지는 책 피하기

오늘의 놀이
- 시간에 따른 점수 누적 방법을 알아봅니다.
- 책에 닿았을 때 에너지 차감 방법을 알아봅니다.

 **놀이 규칙**

- 책장 위에서 떨어지는 책들을 키보드의 방향키로 피하는 게임이다.
- 책에 닿았을 때 에너지가 차감되며 일정 시간이 지날 때마다 점수가 누적된다.

이벤트를 이용한 스타워즈 게임 만들기

1. http://code.org의 [학생들]을 클릭합니다.
2. [과정E]를 클릭한 후 [14: 스타워즈 게임 만들기]의 1단계를 클릭합니다.
3. 화면 위쪽 설명을 이해한 후 블록을 이용, 작업 영역에 코딩을 연결하여 실행해 봅니다.
4. 1단계부터 8단계까지 단계별로 과정을 진행합니다.

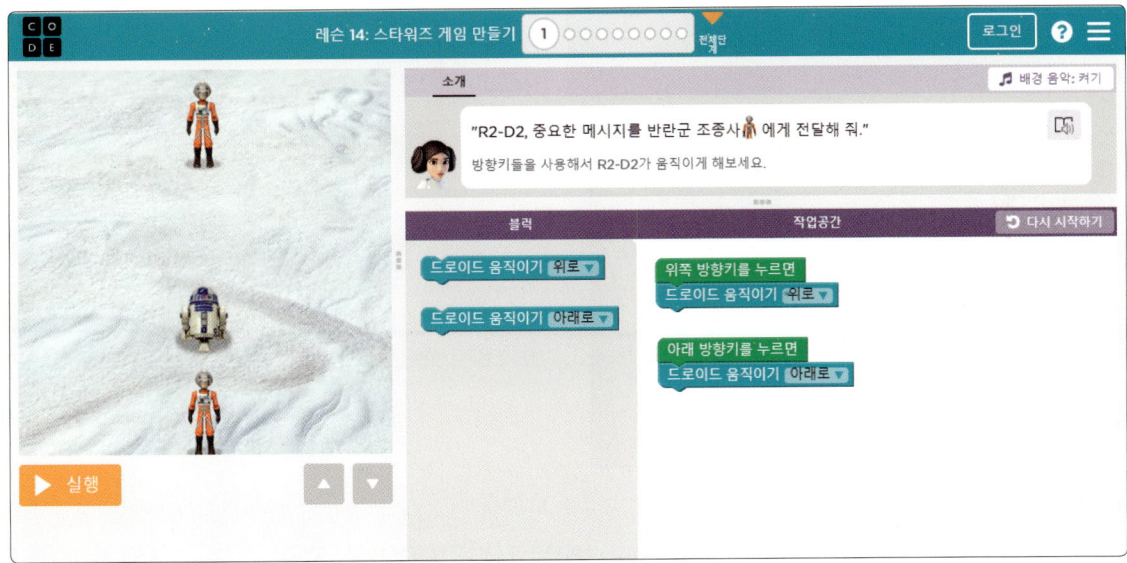

[6단계] 핵심 블록 알아보기

❶ 실행하면 타운타운 캐릭터를 4개 추가합니다.

❷ 타운타운에 닿으면 타운타운의 소리를 임의의 소리로 출력 후 50포인트의 점수를 올립니다. 그런 다음 마이녹 캐릭터를 2개 추가합니다.

14장 • 떨어지는 책 피하기

Step 01 · 에너지 및 점수 변수 만들기

1 '책피하기' 파일을 열고 [속성] 탭의 [변수]를 클릭한 후 [변수 추가하기]를 클릭하여 새로운 변수(점수)를 생성한 다음 실행 창에서 오른쪽 위로 위치를 지정합니다.

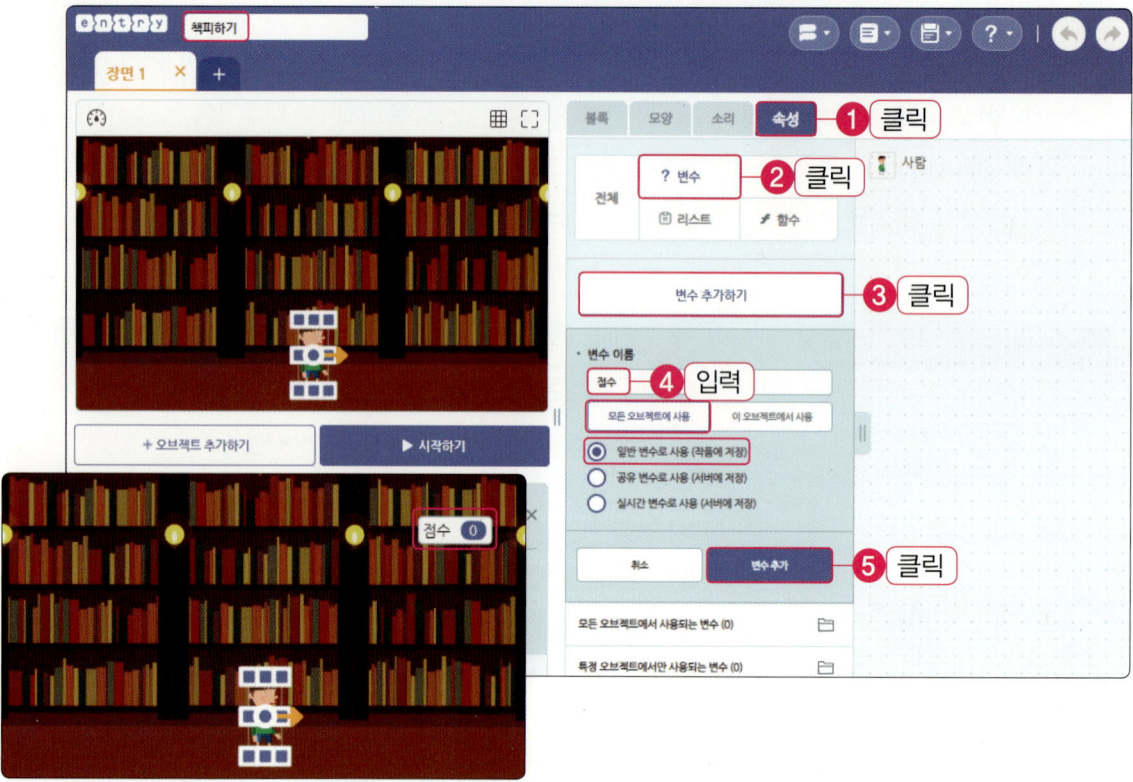

2 같은 방법으로 '에너지' 변수를 추가하고 변수 기본값(100)을 지정한 후 실행 창에서 점수 변수 위쪽에 위치를 지정합니다.

Step 02 방향키로 움직이는 사람의 에너지 및 점수 만들기

1 **사람 오브젝트**의 [블록] 탭에서 방향키에 의해 좌우로 움직임을 만들기 위해 다음과 같이 **블록을 코딩**합니다.

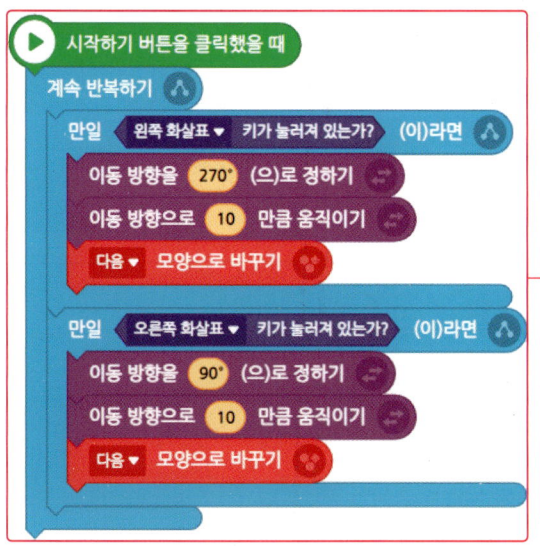

[시작하기]를 클릭했을 때 계속 반복하여 아래의 기능을 실행합니다.
- 만일 왼쪽 화살표 키를 눌렀을 경우 아래의 기능을 실행합니다.
  ·· 이동 방향을 270°으로 정합니다.(왼쪽 방향)
  ·· 이동 방향으로 10만큼 움직입니다.
  ·· 사람 오브젝트의 모양을 다음 모양으로 바꿉니다.
- 만일 오른쪽 화살표 키를 눌렀을 경우 아래의 기능을 실행합니다.
  ·· 이동 방향을 90°으로 정합니다.(오른쪽 방향)
  ·· 이동 방향으로 10만큼 움직입니다.
  ·· 사람 오브젝트의 모양을 다음 모양으로 바꿉니다.

2 **사람 오브젝트**의 [블록] 탭에서 점수의 증가 및 에너지의 감소를 다음과 같이 **블록으로 코딩**합니다.

[시작하기]를 클릭했을 때 계속 반복하여 아래의 기능을 실행합니다.
- 5초를 기다렸다가 점수 변수에 10만큼 더합니다.

[시작하기]를 클릭했을 때 계속 반복하여 아래의 기능을 실행합니다.
- 만일 책에 닿았을 경우 에너지 변수의 값에서 10만큼 차감하고 1초를 기다립니다.
- 만일 에너지 값이 0보다 작거나 같을 경우 모든 코드를 멈추어 게임을 종료합니다.

Step 03 책장에서 떨어지는 책의 복제본 만들기

1 책 오브젝트의 [블록] 탭에서 임의의 시간에 책장의 가장 위쪽, 임의의 위치에서 책이 떨어지도록 **블록을 코딩**합니다.

```
시작하기 버튼을 클릭했을 때
계속 반복하기
    0.01 부터 0.5 사이의 무작위 수 초 동안 x: -230 부터 230 사이의 무작위 수 y: 150 위치로 이동하기
    0.01 부터 0.5 사이의 무작위 수 초 기다리기
    다음 ▼ 모양으로 바꾸기
    자신 ▼ 의 복제본 만들기
```

[시작하기]를 클릭했을 때 계속 반복하여 아래의 기능을 실행합니다.
- 0.01부터 0.5사이의 무작위 수 초 동안 실행 창의 가장 위쪽 임의의 위치(x:-230부터 230사이의 무작위 수, y:150)로 이동합니다.
- 0.01부터 0.5사이의 무작위 수 초 동안 기다립니다.
- 책의 모양을 다음 모양으로 바꿉니다.
- 자신의 복제본을 만듭니다.

```
복제본이 처음 생성되었을때
계속 반복하기
    y좌표를 -1 부터 -5 사이의 무작위 수 만큼 바꾸기
    만일 아래쪽 벽 ▼ 에 닿았는가? (이)라면
        이 복제본 삭제하기
```

복제본이 처음 생성되었을 때 계속 반복하여 아래의 기능을 실행합니다.
- y좌표를 -1부터 -5사이의 무작위 수 만큼 바꾸어 책이 아래로 내려가도록 만듭니다.
- 만일 아래쪽 벽에 닿았을 경우 이 복제본을 삭제합니다.

2 [시작하기]를 클릭한 후 책장에서 떨어지는 책을 방향키를 이용하여 피하며, 시간 경과에 따른 점수 누적과 에너지가 0이 될 때에 게임이 종료되는지 확인합니다.

1 '타이머책받기' 파일을 열고 다음과 같은 조건으로 책장에서 떨어지는 책을 60초 안에 많이 받는 게임을 만들어 보세요.

사람 오브젝트

- [시작하기]를 클릭했을 때 초시계를 시작하고 계속 반복하여 아래의 기능을 실행합니다.
  - 만일 책에 닿았을 경우 점수에 10만큼 더한 후 0.5초를 기다립니다.
  - 만일 초시계 값이 60 이상일 경우 초시계를 정지하고 모든 코드를 멈추어 게임을 종료합니다.

Chapter 15 하늘에서 떨어지는 음식 먹기

오늘의 놀이
- 아이템 모양에 따른 생명 연장 방법을 알아봅니다.
- 아이템 모양에 따른 추가 시간의 연장 방법을 알아봅니다.

놀이 규칙

- 하늘에서 떨어지는 음식을 정해진 시간 동안 좌우 방향키를 이용하여 사람을 움직여 먹는 게임이다.
- 떨어지는 아이템 중 폭탄에 닿으면 생명이 차감되고 선물을 먹으면 시간이 연장된다.

프로그래밍을 이용한 그림 그리기

1. http://code.org의 [학생들]을 클릭합니다.
2. [과정E]를 클릭한 후 [5: 아티스트 내 프로그래밍]의 2단계를 클릭합니다.
3. 화면 위쪽 설명을 이해한 후 블록을 이용, 작업 영역에 코딩을 연결하여 실행해 봅니다.
4. 1단계부터 10단계까지 단계별로 과정을 진행합니다.

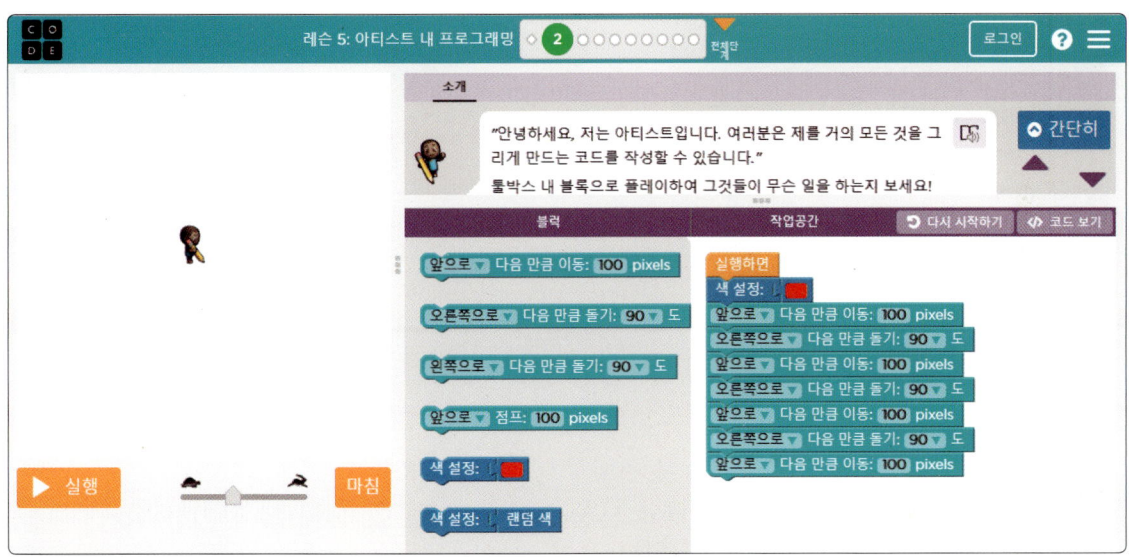

[5단계] 핵심 블록 알아보기

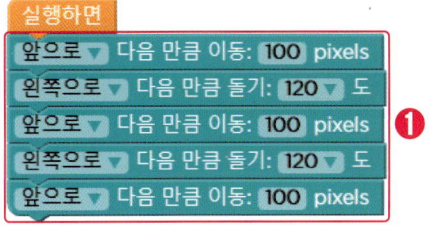

❶ 앞으로 100픽셀 이동 후 왼쪽으로 120도 돌아 다시 앞으로 100픽셀 이동합니다. 그런 다음 왼쪽으로 120도 돌아 앞으로 100픽셀 이동하여 이등변 삼각형을 그립니다.

Step 01 사람의 움직임과 점수 누적, 아이템 모양 확인하기

1 '음식먹기' 파일을 열고 [속성] 탭의 생성된 **변수와 기본값을 확인**합니다. **사람 오브젝트의 블록 코딩**을 통해 왼쪽 및 오른쪽 방향키에 따른 움직임과 음식을 먹었을 때의 점수 누적 **방법을 확인**합니다.

2 **아이템 오브젝트**의 [모양] 탭에서 모양 목록의 **모양(선물 및 폭탄)을 확인**합니다.

94 코딩놀이(4) · 엔트리

Step 02 아이템 모양에 따른 생명과 시간 만들기

1 **아이템 오브젝트**의 [블록] 탭에서 하늘에서 선물과 폭탄이 반복하여 떨어지면서 사람이 폭탄 모양에 닿았을 때 생명을 차감하고 선물에 닿았을 때 시간을 늘려주며, 생명 또는 시간이 0보다 작거나 같을 경우 게임이 종료되도록 **블록을 코딩**합니다.

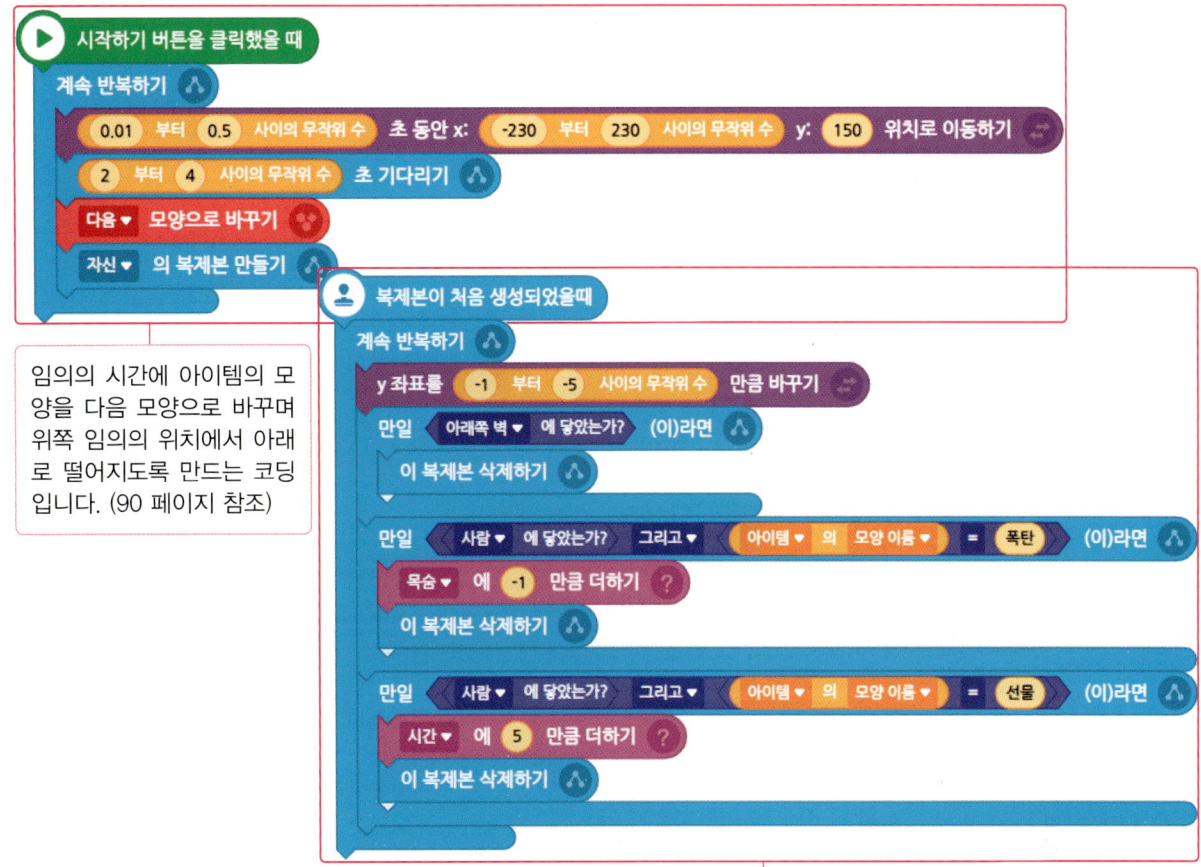

임의의 시간에 아이템의 모양을 다음 모양으로 바꾸며 위쪽 임의의 위치에서 아래로 떨어지도록 만드는 코딩입니다. (90 페이지 참조)

복제본이 처음 생성되었을 때 계속 반복하여 아래의 기능을 실행합니다.
- y좌표를 -1부터 -5사이의 무작위 수 만큼 바꾸어 아이템이 아래로 떨어지도록 만듭니다.
- 만일 아래쪽 벽에 닿았을 경우 이 복제본을 삭제합니다.
- 만일 사람에 닿은 상태에서 아이템의 모양 이름이 폭탄일 경우 생명 변수의 값을 1만큼 차감하고 이 복제본을 삭제합니다.
- 만일 사람에 닿은 상태에서 아이템의 모양 이름이 선물일 경우 시간 변수의 값을 5만큼 더하고 이 복제본을 삭제합니다.

[시작하기]를 클릭했을 때 계속 반복하여 아래의 기능을 실행합니다.
- 1초를 기다렸다가 시간 변수의 값을 1만큼 차감합니다.
- 만일 시간 값이 0보다 작거나 같을 경우 모든 코드를 멈추어 게임을 종료합니다.

[시작하기]를 클릭했을 때 계속 반복하여 아래의 기능을 실행합니다.
- 만일 생명 값이 0보다 작거나 같다면 모든 코드를 멈추어 게임을 종료합니다.

15장 · 하늘에서 떨어지는 음식 먹기 **95**

Step 03 떨어지는 음식 만들기

1 음식 오브젝트의 [블록] 탭에서 하늘에서 떨어지는 음식과 사람 또는 아래쪽 벽에 닿았을 때 복제본이 삭제 되도록 **블록을 코딩**합니다.

```
▶ 시작하기 버튼을 클릭했을 때
계속 반복하기
    0.01 부터 0.5 사이의 무작위 수 초 동안 x: -230 부터 230 사이의 무작위 수 y: 150 위치로 이동하기
    0.01 부터 0.5 사이의 무작위 수 초 기다리기
    다음▼ 모양으로 바꾸기
    자신▼ 의 복제본 만들기
```

[시작하기]를 클릭했을 때 계속 반복하여 아래의 기능을 실행합니다.
- 0.01부터 0.5사이의 무작위 수 초 동안 실행 창의 가장 위쪽 임의의 위치(x:-230부터 230사이의 무작위 수, y:150)로 이동합니다.
- 0.01부터 0.5사이의 무작위 수 초 동안 기다립니다.
- 음식의 모양을 다음 모양으로 바꿉니다.
- 자신의 복제본을 만듭니다.

```
👤 복제본이 처음 생성되었을때
계속 반복하기
    y좌표를 -1 부터 -5 사이의 무작위 수 만큼 바꾸기
    만일 사람▼ 에 닿았는가? 또는▼ 아래쪽 벽▼ 에 닿았는가? (이)라면
        0.1 초 기다리기
        이 복제본 삭제하기
```

복제본이 처음 생성되었을 때 계속 반복하여 아래의 기능을 실행합니다.
- y좌표를 -1부터 -5사이의 무작위 수 만큼 바꾸어 음식이 아래로 내려가도록 만듭니다.
- 만일 사람에 닿거나 또는 아래쪽 벽에 닿았을 경우 0.1초를 기다렸다가 이 복제본을 삭제합니다.

2 [시작하기]를 클릭한 후 왼쪽 및 오른쪽 방향키를 이용하여 하늘에서 떨어지는 음식을 먹어 점수를 누적하는 게임을 시작합니다.

떨어지는 아이템 중에서 폭탄에 닿았을 경우 생명이 차감되고 선물에 닿으면 시간이 연장되는지 확인합니다. 또한 시간이 종료되거나 생명 값이 0일 경우 게임이 종료되는지 확인합니다.

1 '과일먹기' 파일을 열고 다음과 같은 조건으로 하늘에서 떨어지는 음식을 먹고 점수를 누적하는 게임을 만들어 보세요.

음식 오브젝트 : 사람에 닿았을 때 점수를 5점씩 증가

- 복제본이 처음 생성되었을 때 계속 반복하여 아래의 기능을 실행합니다.
  - y좌표를 −1부터 −5사이의 무작위 수 만큼 바꾸어 음식이 아래로 떨어지도록 만듭니다.
  - 만일 아래쪽 벽에 닿으면 이 복제본을 삭제합니다.
  - 만일 사람에 닿으면 점수 변수에 5만큼 더한 후 이 복제본을 삭제합니다.

과일 오브젝트 : 사람에 닿았을 때 점수를 10점씩 증가

- 복제본이 처음 생성되었을 때 계속 반복하여 아래의 기능을 실행합니다.
  - y좌표를 −1부터 −5사이의 무작위 수 만큼 바꾸어 음식이 아래로 떨어지도록 만듭니다.
  - 만일 아래쪽 벽에 닿으면 이 복제본을 삭제합니다.
  - 만일 사람에 닿으면 점수 변수에 10만큼 더한 후 이 복제본을 삭제합니다.

벽돌 깨기 게임 만들기

1. 여러분이 생각하는 벽돌 깨기 게임의 원리를 적어 보세요.

2. 벽돌 깨기 게임을 만들 때 필요한 구조를 생각해 보세요.

3. 벽돌 깨기 게임에 필요한 오브젝트를 생각해 보세요.

[샘플] 벽돌 깨기 게임 설계하기

- 벽돌 : 벽돌을 가로 및 세로 줄에 맞추어 벽돌을 복제하여 배치한다. 복제된 벽돌은 공에 닿았을 경우 점수를 누적하고 공을 반대 방향으로 튕긴 후 삭제한다.
- 막대 : 마우스 포인터를 이용하여 막대가 좌우 방향만 움직이도록 설계한다.
- 공 : 실행 창 안에서만 이동하며, 화면 끝에 닿으면 튕기도록 만든다. 막대에 닿았을 경우 공을 반대 방향으로 튕기고 아래쪽 벽이나 벽돌이 모두 삭제되어 만들어지는 최고 점수가 될 경우 게임을 종료한다.

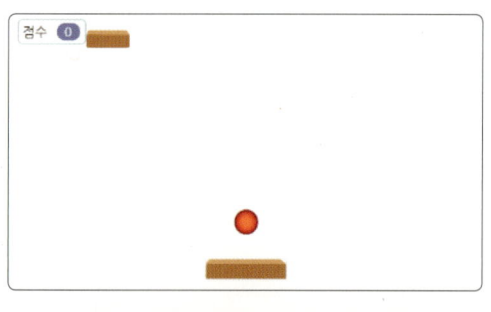
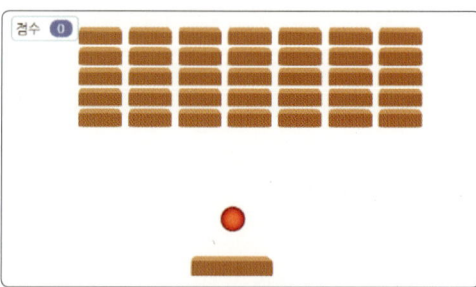
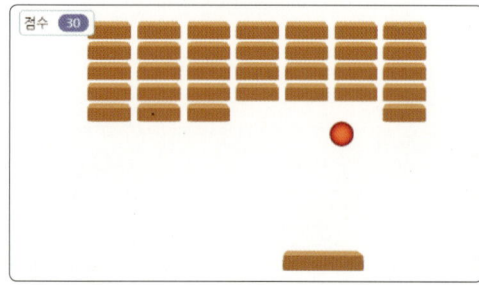

종합활동

[샘플] 벽돌 깨기 게임 코딩하기

벽돌 오브젝트

- [시작하기]를 클릭했을 때 아래의 기능을 실행합니다.
  - 벽돌의 모양을 보입니다.
    - ·· 5번 반복하여 아래의 기능을 실행합니다.
      - ··· 7번 반복하여 아래의 기능을 실행합니다.
        - ···▸ 자신의 복제본을 만들고 x자표를 50만큼 바꾸어 벽돌을 오른쪽으로 이동합니다.
      - ··· 벽돌의 처음 위치(x:-140)로 이동합니다.
      - ··· y좌표를 -20만큼 바꾸어 벽돌을 아래쪽으로 내립니다. (다음줄에 복제를 위함)
  - 벽돌의 모양을 숨깁니다.
- 복제본이 처음 생성되었을 때 아래의 기능을 실행합니다.
  - 공에 닿을때까지 기다립니다.
  - 점수 변수에 10만큼 더합니다.
  - [튕기기] 신호를 보내고 이 복제본을 삭제합니다.

막대 오브젝트

- [시작하기]를 클릭했을 때 계속 반복하여 x좌표 위치(마우스 포인터의 x좌표)로 이동합니다.

공 오브젝트

- [시작하기]를 클릭했을 때 1초를 기다렸다가 계속 반복하여 아래의 기능을 실행합니다.
  - 이동 방향으로 5만큼 움직이며, 화면 끝에 닿으면 튕깁니다.
  - 만일 막대에 닿았을 경우 아래의 기능을 실행합니다.
    - ·· 이동 방향을 (0-공의 방향)으로 정합니다.(공이 아래쪽 막대에 맞았을 때 방향 변경)
    - ·· 이동 방향을 -60부터 60사이의 무작위 수 만큼 회전합니다.
    - ·· 만일 아래쪽 벽에 닿았거나 점수 값이 350이면 모든 코드를 멈추어 게임을 종료합니다.
- [튕기기] 신호를 받았을 때 아래의 기능을 실행합니다.
  - 이동 방향을 (180-공의 방향)으로 정합니다.(공이 위쪽 벽돌에 맞았을 때 방향 변경)
  - 이동 방향을 -60부터 60사이의 무작위 수 만큼 회전합니다.

Chapter 17

함수를 이용한 도형 그리기

오늘의 놀이
- 함수의 정의에 대해 알아봅니다.
- 함수의 사용 방법을 알아봅니다.

미리보기

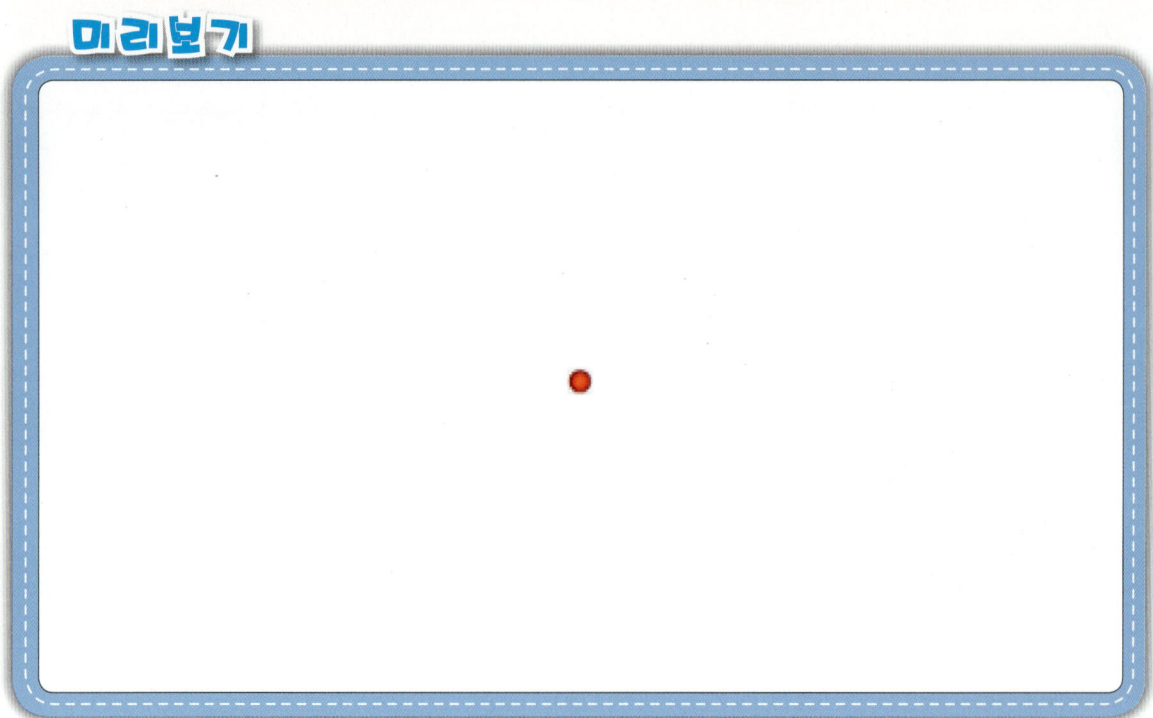

놀이 규칙

- 마우스를 따라 다니는 중심점에서 키보드의 특정키(1/2)를 눌러 해당 중심점 위치를 기준으로 삼각형 또는 사각형 도형을 그린다.

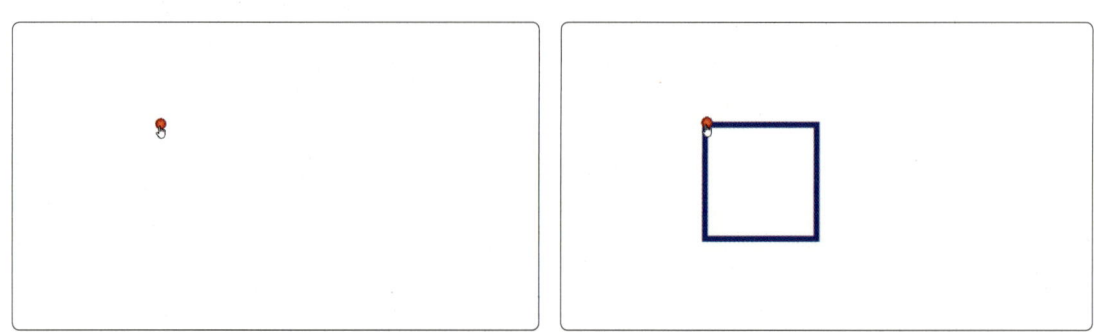

함수란 무엇인가?

함수란 반복적이고 복잡한 과정을 간단하게 정의하여 사용할 수 있도록 도와주는 기능입니다. 또한 프로그램을 간결하게 만들 수 있어 코딩 내용을 이해하는데도 도움이 됩니다.

함수는 필요한 명령어 블록들을 하나의 명령어로 묶어 반복되는 동작을 만드는데 편리합니다.

함수 만들기

- [속성] 탭에서 [함수]를 클릭한 후 [함수 추가하기]를 클릭하거나 [함수] 꾸러미에서 [함수 만들기] 단추를 클릭하면 블록 조립소 영역에 함수를 정의하는 블록(함수 정의하기 함수)이 표시됩니다.

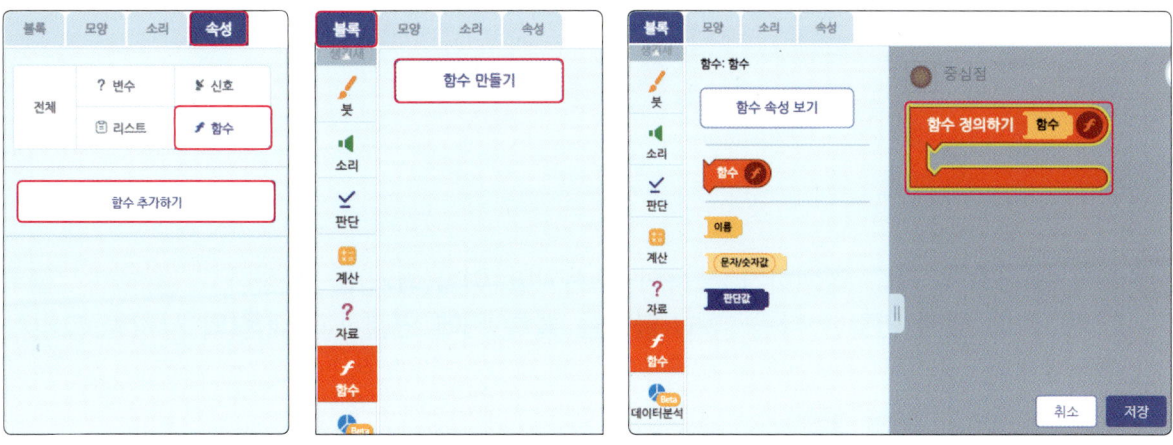

함수 사용하기

- 블록 조립소 영역의 함수 정의 블록(함수 정의하기 함수)에서 **함수 이름을 입력**한 후 **함수에 사용할 블록을 연결**한 다음 **[저장]**을 클릭하면 [함수] 꾸러미에 생성한 함수 블록이 표시됩니다.

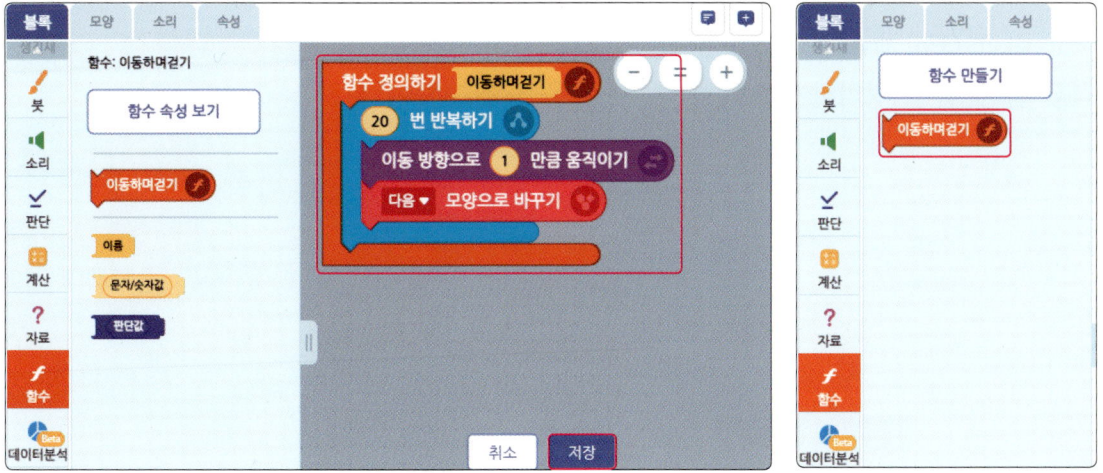

17장 · 함수를 이용한 도형 그리기

Step 01 함수를 이용한 도형 블록 만들기

1 '도형그리기' 파일을 열고 **중심점 오브젝트**의 [블록] 탭에서 [함수] 꾸러미의 **[함수만들기] 단추를 클릭**합니다.

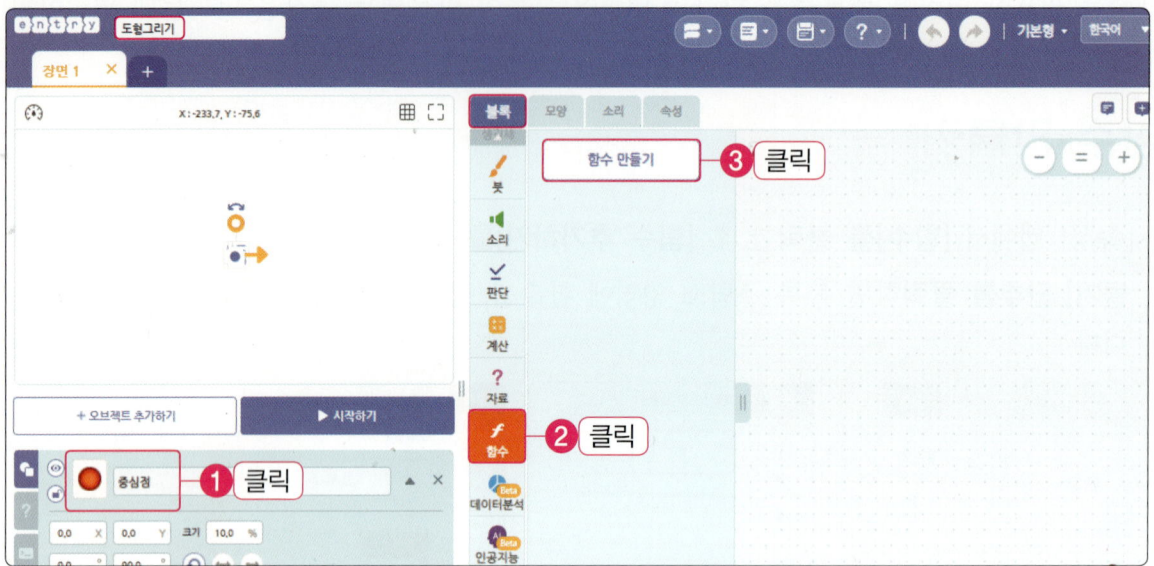

2 블록 조립소에 함수 정의하기 블록이 표시되면 **이름(굵기)을 수정**하고 문자/숫자값 블록을 **드래그하여 옆에 연결**한 다음 이름 **블록을 블록 뒤에 연결**하고 **내용(의 사각형 그리기)을 수정**합니다.

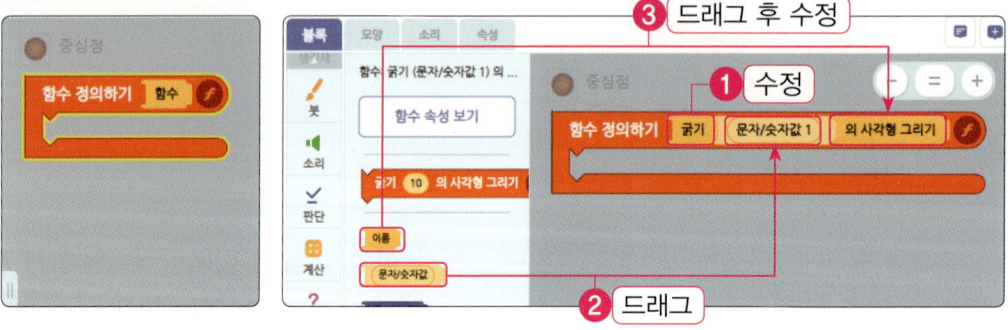

3 [블록] 탭의 [붓] 꾸러미를 이용하여 다음과 같이 연결한 후 붓의 굵기를 1 (으)로 정하기 블록의 입력값 안에 함수 정의하기의 문자/숫자값 블록을 드래그하여 끼워 넣습니다.

102 코딩놀이(4) · 엔트리

4 붓의 색을 무작위 색으로 지정하고 사각형 도형을 그린 후 그리기를 멈추기 위해 다음과 같이 **블록 코딩을 추가**한 다음 **[저장]**을 클릭합니다.

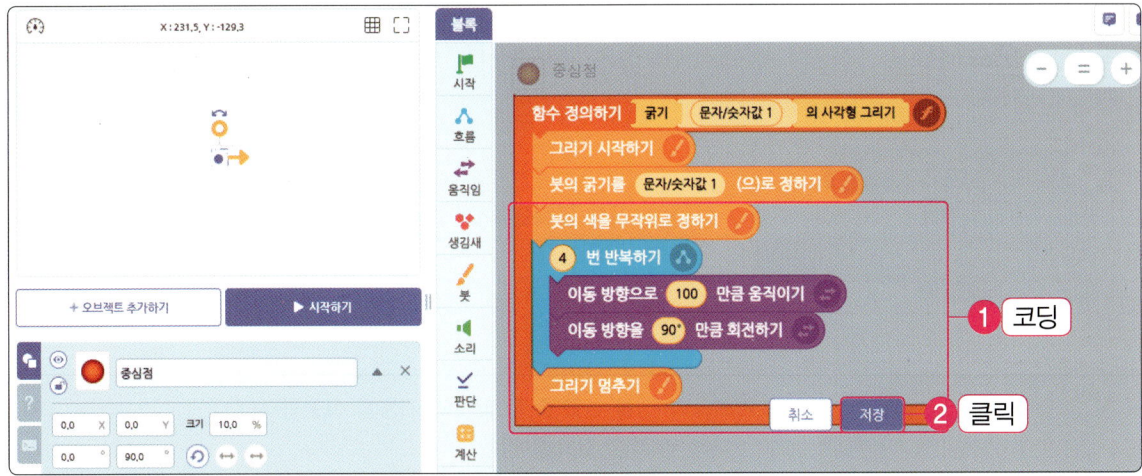

5 [함수] 꾸러미에 완성한 함수 블록이 표시됩니다.

6 같은 방법으로 [함수만들기]를 이용하여 다음과 같이 **삼각형을 그리는 함수 블록을 만들어 추가**합니다.

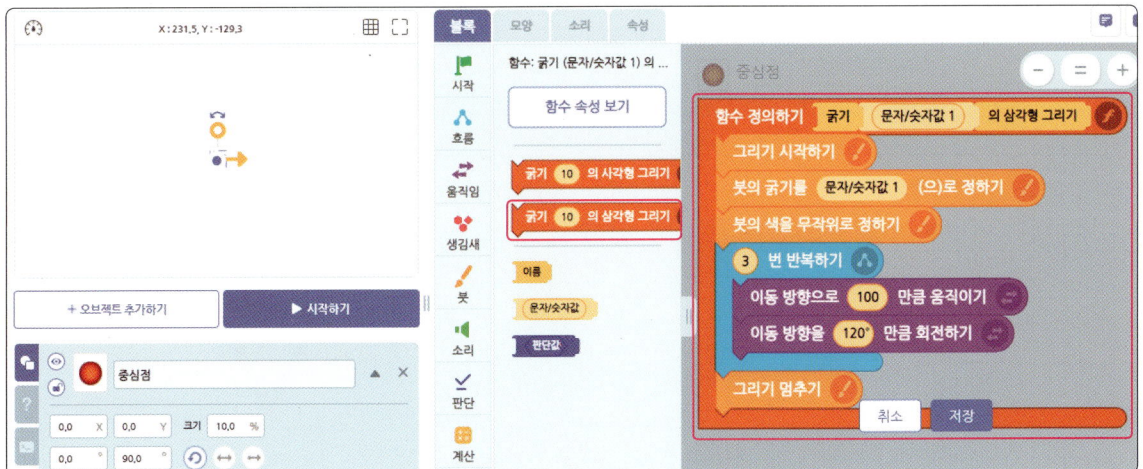

17장 · 함수를 이용한 도형 그리기 **103**

Step 02 함수를 이용하여 블록 코딩 만들기

1 **중심점 오브젝트**의 [블록] 탭에서 특정키(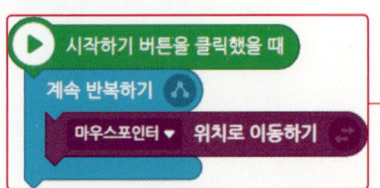)를 눌렀을 때 도형이 그려지도록 **블록을 코딩**합니다.

[시작하기]를 클릭했을 때 계속 반복하여 마우스 포인터 위치로 이동합니다.

키보드의 [1]을 눌렀을 때 아래의 기능을 실행합니다.
- 자신의 다른 코드를 멈춥니다.
  (계속 반복해서 마우스 포인터 위치로 이동하는 기능을 멈춤)
- 굵기 5로 사각형을 그립니다. (정의된 함수의 기능을 실행)
- 1초 기다렸다가 처음부터 다시 실행합니다.

키보드의 [2]를 눌렀을 때 아래의 기능을 실행합니다.
- 자신의 다른 코드를 멈춥니다.
  (계속 반복해서 마우스 포인터 위치로 이동하는 기능을 멈춤)
- 굵기 10으로 삼각형을 그립니다. (정의된 함수의 기능을 실행)
- 1초 기다렸다가 처음부터 다시 실행합니다.

2 [**시작하기**]**를 클릭**한 후 키보드의 ①(사각형) 또는 ②(삼각형)를 눌러 원하는 도형이 입력한 굵기로 그려지는지 확인합니다.

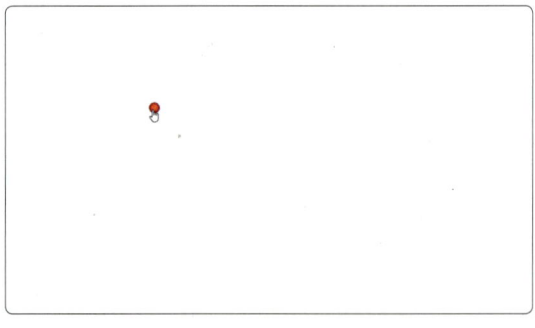
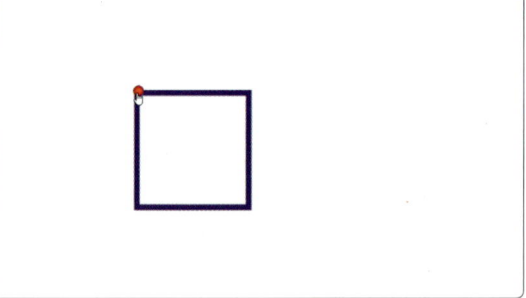
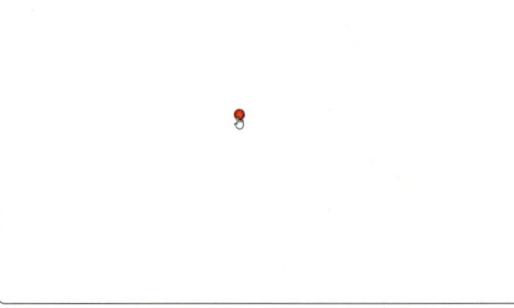
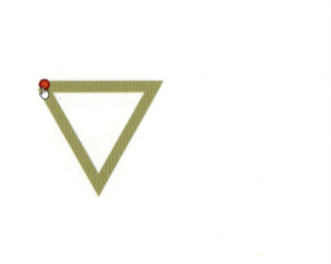

① '동굴' 파일을 열고 왼쪽 블록과 같이 박쥐의 움직임 코딩을 함수를 이용하여 간단하게 만들어 실행해 보세요.

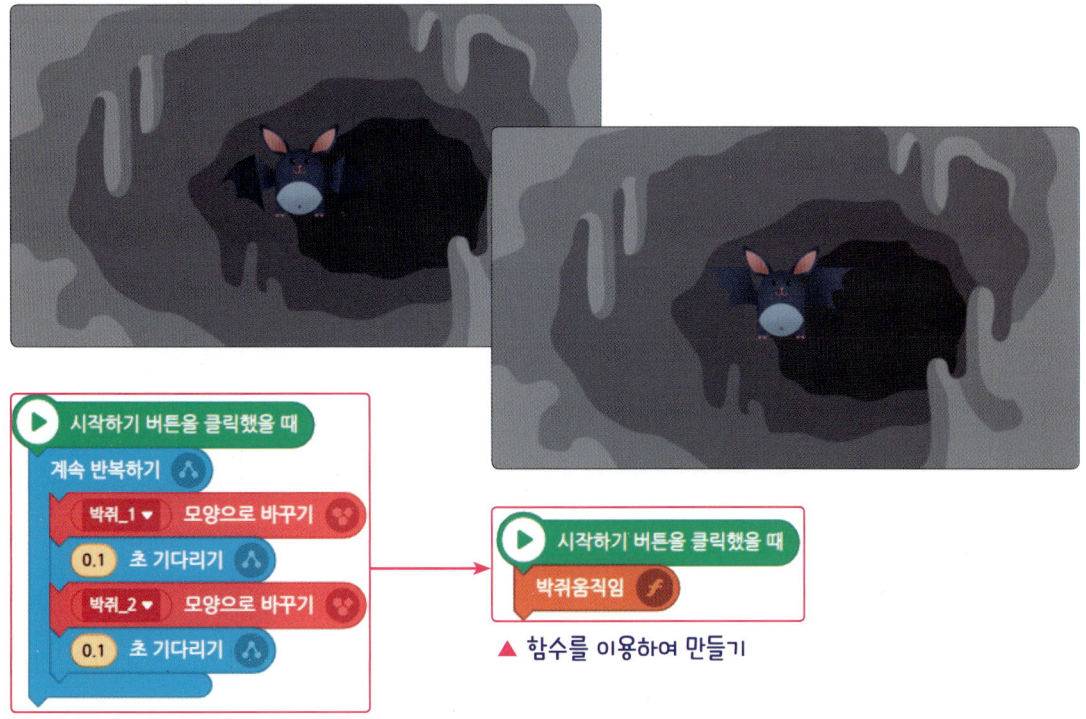

▲ 함수를 이용하여 만들기

② '소피여행' 파일을 열고 블록 조립소의 블록을 함수를 이용하여 간단하게 만들어 실행해 보세요.

17장 · 함수를 이용한 도형 그리기

Chapter 18 잠자리 비행기 만들기

 오늘의 놀이
- 함수를 이용하여 잠자리의 날개짓을 만들어봅니다.
- 변수를 이용한 중력을 만들어봅니다.
- 특정키를 눌러 날갯짓으로 비행하는 방법을 만들어봅니다.

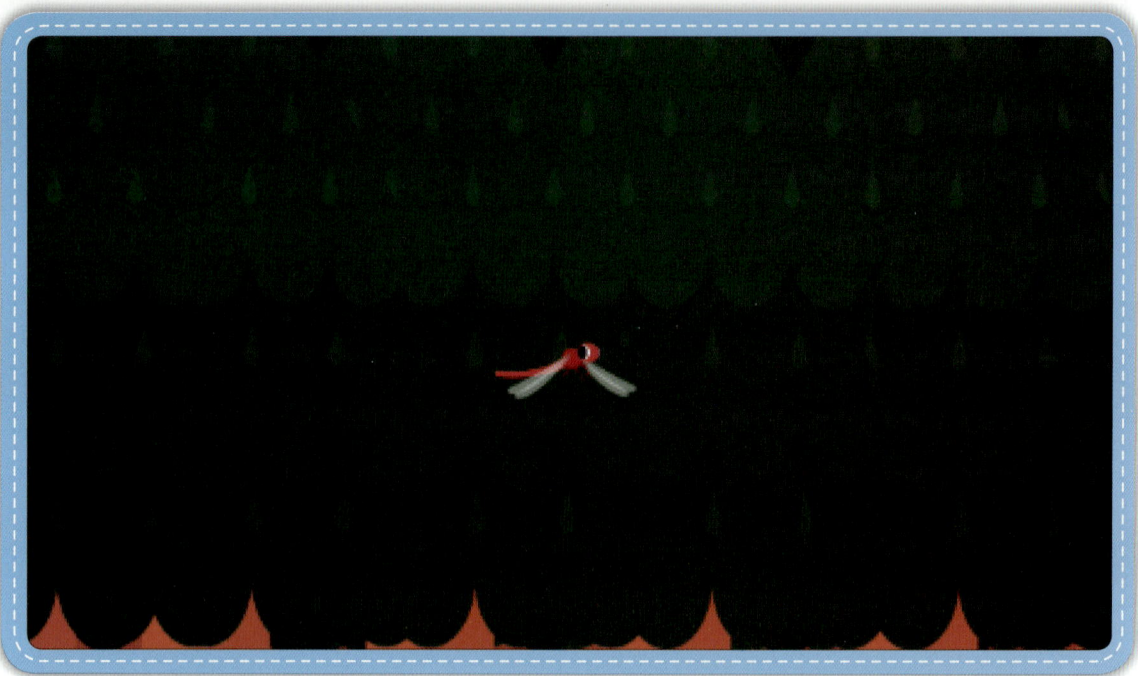

 놀이 규칙

- [시작하기]를 클릭했을 때 중력에 의해 떨어지는 잠자리를 키보드의 스페이스키를 눌러 위로 날도록 만든다.

- 잠자리가 실행 화면의 위쪽으로 올라가거나 떨어지면 게임이 종료된다.

함수를 이용한 그림 그리기

1. http://code.org의 [학생들]을 클릭합니다.
2. [과정E]를 클릭한 후 [16: 아티스트 내 함수]의 1단계를 클릭합니다.
3. 화면 위쪽 설명을 이해한 후 블록을 이용, 작업 영역에 코딩을 연결하여 실행해 봅니다.
4. 1단계부터 13단계까지 단계별로 과정을 진행합니다.

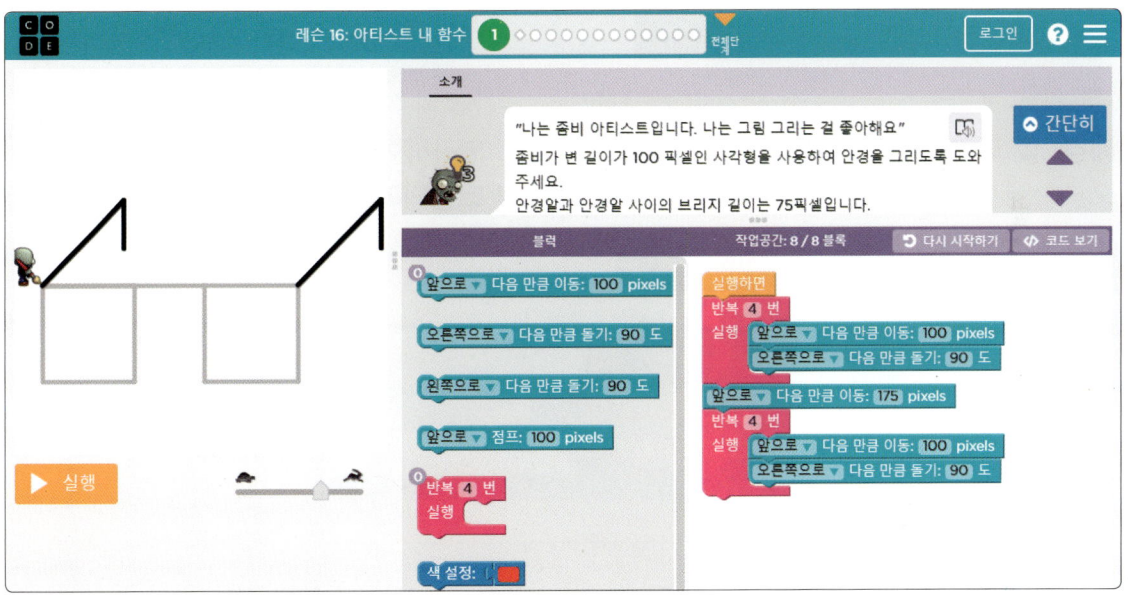

[7단계] 핵심 블록 알아보기

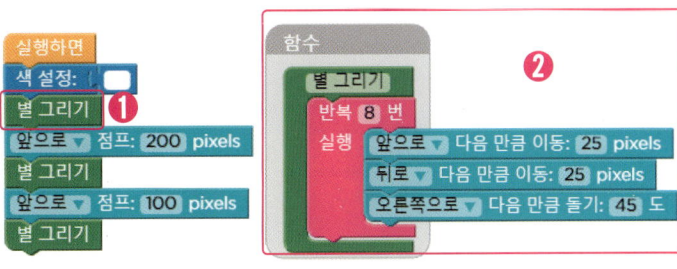

❶ 별그리기 함수를 실행합니다.

❷ 앞으로 25픽셀 이동 후 뒤로 25픽셀 이동, 그런 다음 오른쪽으로 45도 돌기를 8번 반복하여 별 그리는 동작을 [별그리기] 함수로 정의합니다.

18장 · 잠자리 비행기 만들기 **107**

Step 01 중력 변수 및 배경의 움직임 확인하기

1 '잠자리비행' 파일을 열고 [속성] 탭에서 [변수] 항목에 **중력 변수가 추가되었는지 확인**합니다.

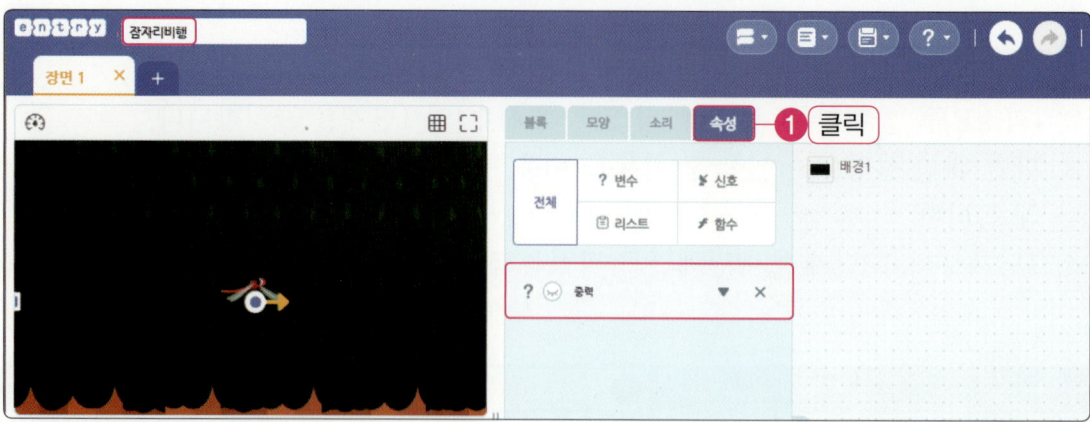

2 배경1 및 배경2 오브젝트에서 두 개의 배경을 서로 연결하여 [시작하기]를 클릭했을 때 배경이 오른쪽에서 왼쪽으로 계속해서 움직이도록 **블록이 코딩되어 있는지 확인**합니다.

[시작하기]를 클릭했을 때 계속 반복하여 아래의 기능을 실행합니다.
- x좌표를 -1만큼 바꾸어 배경1이 왼쪽으로 조금씩 이동합니다.
- 만일 배경1의 x좌푯값이 -240보다 작을 경우 배경1이 왼쪽으로 완전히 이동되어 실행 화면에서 보이지 않게 되므로 다시 오른쪽 위치(x:240)로 이동합니다.

[시작하기]를 클릭했을 때 배경2를 실행 화면에서 가장 오른쪽 위치(x:240)로 이동한 후 계속 반복하여 아래의 기능을 실행합니다.
- x좌표를 -1만큼 바꾸어 배경2가 왼쪽으로 조금씩 이동합니다.
- 만일 배경2의 x좌푯값이 -240보다 작을 경우 배경2가 왼쪽으로 완전히 이동되어 실행 화면에서 보이지 않게 되므로 다시 오른쪽 위치(x:240)로 이동합니다.

Step 02 · 잠자리의 움직임을 함수로 만들기

1 [속성] 탭에서 [함수]를 클릭한 후 [함수 추가하기] 단추를 클릭합니다.

2 블록 조립소 영역에 함수 정의하기 블록이 표시되면 **이름(잠자리움직임)을 입력**합니다.

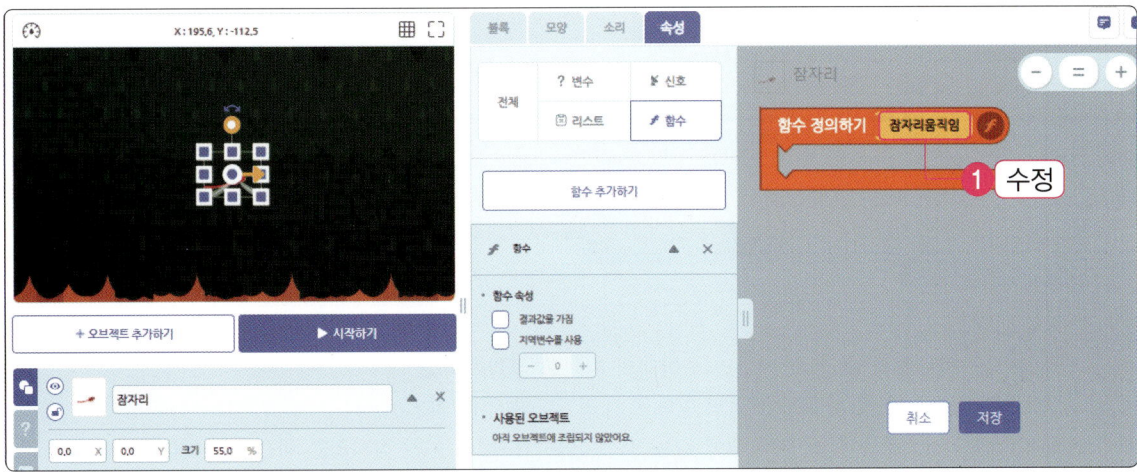

3 **잠자리 오브젝트**의 [블록] 탭에서 [생김새] 및 [흐름] 꾸러미 등을 이용하여 잠자리 모양이 시간에 따라 움직이는 모양으로 **블록 코딩을 완성**한 후 **[저장]을 클릭**합니다.

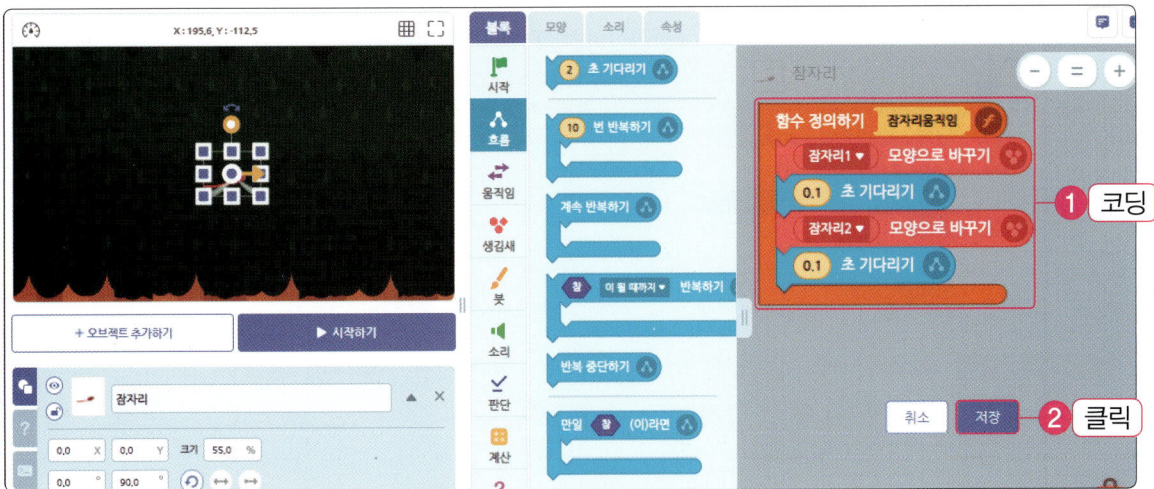

18장 · 잠자리 비행기 만들기 **109**

Step 03 특정키를 눌러 날갯짓하며 올라가는 잠자리 만들기

1 **잠자리 오브젝트**의 [블록] 탭에서 중력값에 의해 떨어질 때 특정(스페이스바)키를 눌렀을 때 날개를 움직이며, 올라가는 잠자리를 **블록으로 코딩**합니다.

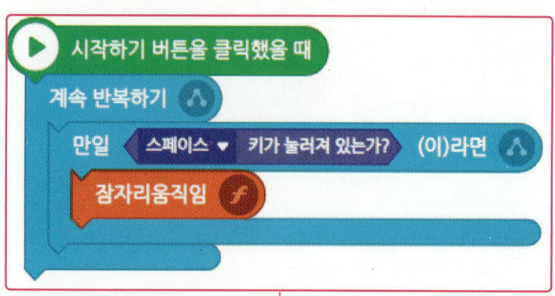

[시작하기]를 클릭했을 때 계속 반복하여 아래의 기능을 실행합니다.
- 만일 스페이스키를 눌렀을 경우 잠자리 움직임 함수 블록을 실행합니다.

[시작하기]를 클릭했을 때 계속 반복하여 아래의 기능을 실행합니다.
- y좌표를 중력 값만큼 바꾸어 조금씩 아래로 내려가도록 만듭니다.
- 만일 스페이스키를 눌렀을 경우 중력 값을 0으로 정하고 0.1초 동안 잠자리를 약간 위쪽 위치 (x:잠자리의 x좌푯값, y:잠자리의 y좌푯값+20)로 이동합니다.

[시작하기]를 클릭했을 때 계속 반복하여 아래의 기능을 실행합니다.
- 중력 변수의 값에 -0.6만큼 차감합니다.
- 0.1초를 기다립니다.
- 만일 벽에 닿았을 경우 모든 코드를 멈추어 게임을 종료합니다.

2 [**시작하기**]를 **클릭**한 후 중력에 의해 약간씩 떨어지는 잠자리가 키보드의 스페이스키를 눌렀을 때 날개짓과 함께 올라가는지 확인합니다.

창의력 UPgrade

1 '블랙홀' 파일을 열고 아래의 조건에 따라 블랙홀을 탈출하는 우주선을 만들어 보세요.

함수 만들기(로켓의 움직임)
- 로켓1 모양으로 바꾼 후 0.1초를 기다렸다가 로켓2 모양으로 바꾸고 0.1초를 기다립니다.

우주선 오브젝트
- [시작하기]를 클릭했을 때 계속 반복하여 아래의 기능을 실행합니다.
    - x좌표를 조석력 변수값 만큼 바꾸어 블랙홀이 끌어당기는 효과를 만듭니다.
    - 만일 스페이스키를 눌렀을 경우 로켓의 움직임 함수 블록을 실행합니다.
- [시작하기]를 클릭했을 때 계속 반복 아래의 기능을 실행합니다.
    - 조석력 변수의 값에 −2만큼 차감한 후 0.1초를 기다립니다.
    - 만일 왼쪽 벽에 닿았을 경우 '살려줘~!!'를 1초 동안 말하고 모양을 숨긴 후 모든 코드를 멈추어 게임을 종료합니다.
    - 만일 오른쪽 벽에 닿았을 경우 '탈출성공~!!'을 2초 동안 말하고 모든 코드를 멈추어 게임을 종료합니다.
- 스페이스키를 클릭했을 때 아래의 기능을 실행합니다.
    - 조석력 변수의 값을 0으로 정합니다.
    - 0.1초 동안 우주선을 약간 오른쪽 위치(x:우주선의 x좌푯값+10, y:우주선의 y좌푯값)로 이동합니다.

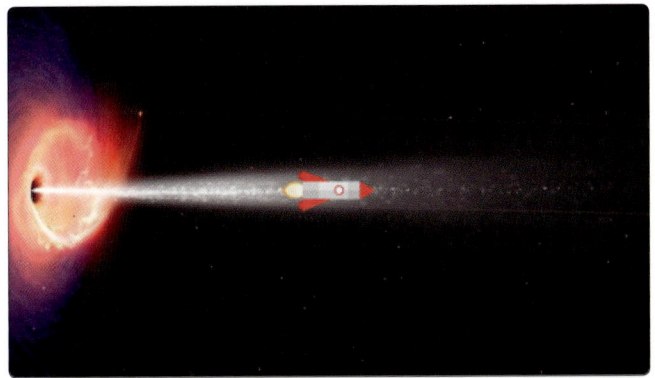

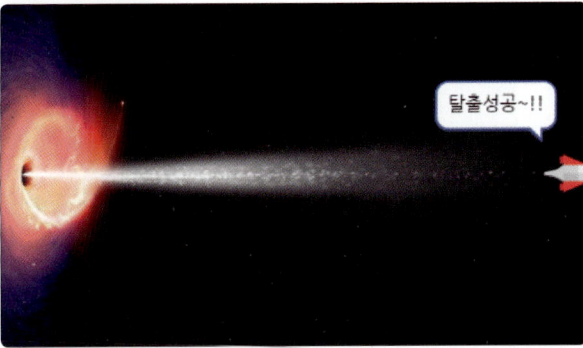

Chapter 19

박쥐의 동굴 탐험하기

- 장애물 복제를 함수를 이용하여 만들어봅니다.
- 복제된 장애물의 움직임을 만들어봅니다.

 놀이 규칙

- 오른쪽에서 왼쪽으로 계속 반복하여 만들어지는 장애물을 중력에 의해 떨어지는 박쥐를 키보드의 스페이스키를 눌러 날갯짓으로 날면서 장애물을 피한다.

- 장애물에 닿거나 위쪽 또는 아래쪽 벽에 닿으면 게임이 종료된다.

함수를 이용한 꿀벌의 꽃꿀 모으기

1. http://code.org의 [학생들]을 클릭합니다.
2. [과정E]를 클릭한 후 [17: 벌 내 함수]의 1단계를 클릭합니다.
3. 화면 위쪽 설명을 이해한 후 블록을 이용, 작업 영역에 코딩을 연결하여 실행해 봅니다.
4. 1단계부터 13단계까지 단계별로 과정을 진행합니다.

[2단계] 핵심 블록 알아보기

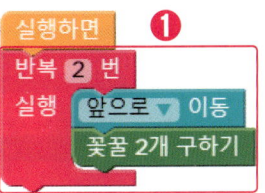

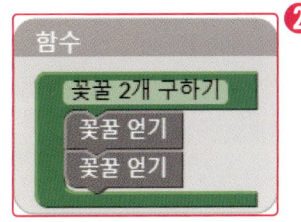

❶ 2회 반복하여 앞으로 이동 후 [꽃꿀 2개 구하기] 함수 실행합니다.

❷ 2회의 꽃꿀 얻기를 [꽃꿀 2개 구하기] 함수로 정의합니다.

Step 01 중력에 의한 박쥐의 움직임과 게임 종료 만들기

1 '동굴탐험' 파일을 열고 **박쥐 오브젝트**의 [블록] 탭에서 중력에 의해 떨어지는 박쥐를 특정 (스페이스)키를 눌러 움직임과 함께 일정한 값만큼 위로 올라가도록 **블록을 코딩**합니다.

[시작하기]를 클릭했을 때 계속 반복하여 아래의 기능을 실행합니다.
- 만일 키보드의 스페이스키를 눌렀을 경우 아래의 기능을 실행합니다.
  ·· 박쥐의 모양을 박쥐1 모양으로 바꾸고 0.1초를 기다립니다.
  ·· 박쥐의 모양을 박쥐2 모양으로 바꾸고 0.1초를 기다립니다.

[시작하기]를 클릭했을 때 계속 반복하여 아래의 기능을 실행합니다.
- y좌표를 중력값 만큼 바꾸어 조금씩 아래로 내려가도록 만듭니다.
- 만일 스페이스키를 눌렀을 경우 중력 값을 0으로 정하고 0.1초 동안 박쥐를 약간 위쪽 위치(x:박쥐의 x좌푯값, y:박쥐의 y좌푯값+20)로 이동합니다.

[시작하기]를 클릭했을 때 계속 반복하여 아래의 기능을 실행합니다.
- 중력 변수의 값에 -0.6만큼 차감합니다.
- 0.1초를 기다립니다.
- 만일 장애물에 닿았거나 또는 벽에 닿았을 경우 모든 코드를 멈추어 게임을 종료합니다.

Step 02 장애물 복제 함수 만들기

1 [속성] 탭에서 [함수]를 클릭한 후 [함수 추가하기] 단추를 클릭합니다.

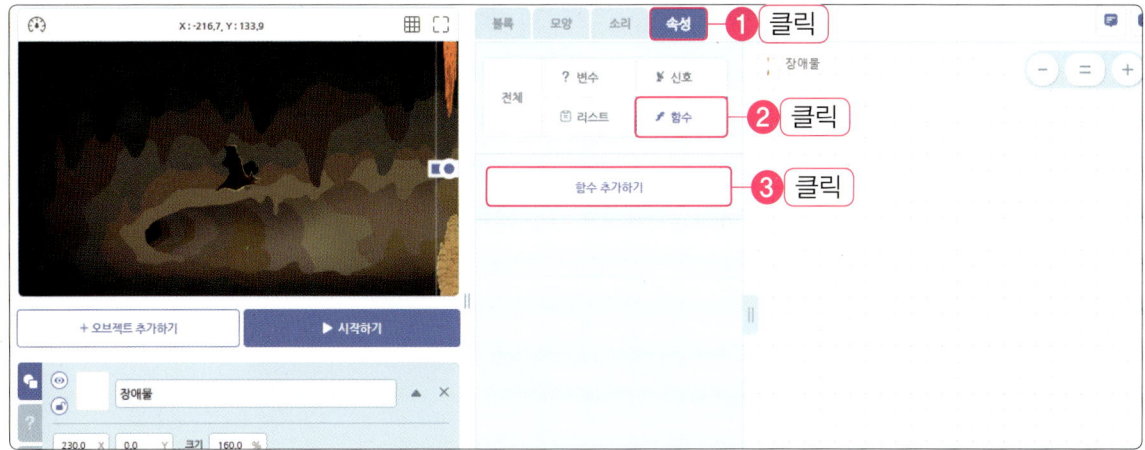

2 블록 조립소 영역에 함수 정의하기 블록이 표시되면 **이름(장애물복제하기)을 입력**합니다.

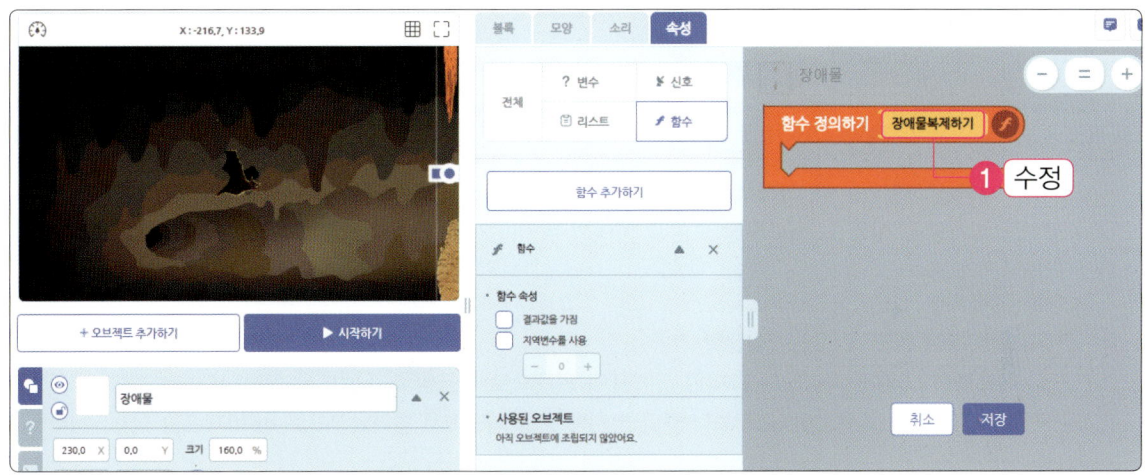

3 **장애물 오브젝트**의 [블록] 탭에서 [흐름] 및 [연산] 꾸러미 등을 이용하여 계속 반복해서 임의의 시간 마다 장애물이 복제되도록 블록 코딩을 완성한 후 [저장]을 클릭합니다.

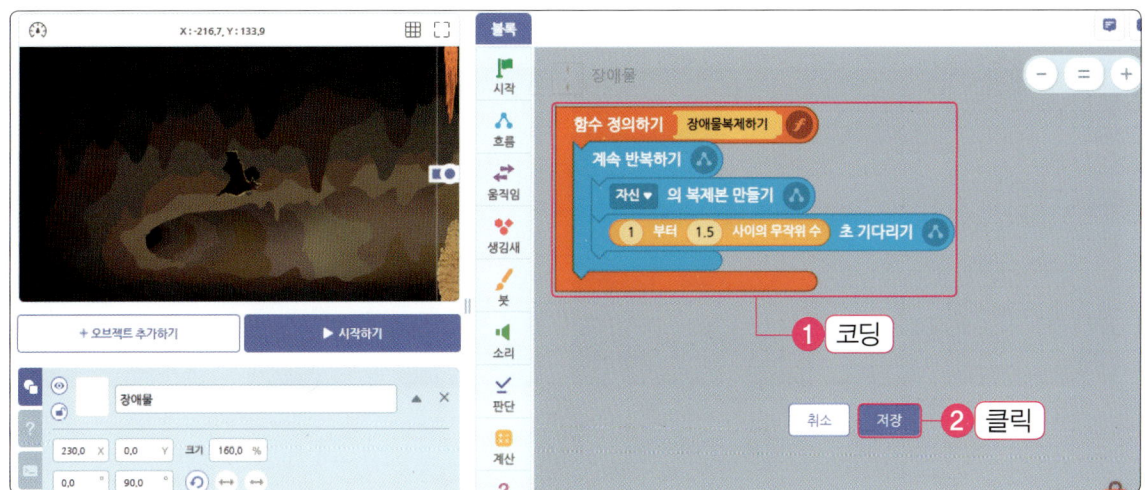

19장 · 박쥐의 동굴 탐험하기

Step 03 복제된 장애물의 움직임 및 게임 종료 만들기

1 **장애물 오브젝트**의 [블록] 탭에서 [시작하기]를 클릭했을 때 숨긴 상태에서 장애물이 복제되며, 복제본이 처음 생성되었을 때 오른쪽 끝 부분에서 모양을 보이고 조금씩 왼쪽으로 이동한 후 화면에서 안보이면 삭제되도록 **블록을 코딩**합니다.

[시작하기]를 클릭했을 때 계속 아래의 기능을 실행합니다.
- 장애물의 모양을 숨깁니다.
- 장애물복제하기 함수 블록을 실행합니다.

복제본이 처음 생성되었을 때 아래의 기능을 실행합니다.
- 장애물 복제본을 실행 화면의 가장 오른쪽 임의의 위치(x:240, y:-60부터 60사이의 무작위 수)로 이동합니다.
- 장애물 복제본의 모양을 보입니다.
- 계속 반복하여 아래의 기능을 실행합니다.
  ·· x좌표를 -2.5만큼 차감하여 복제된 장애물이 왼쪽으로 조금씩 이동하도록 만듭니다.
  ·· 만일 장애물의 x좌푯값이 -250보다 작다면 왼쪽 실행 화면에서 벗어났으므로 이 복제본을 삭제합니다.

2 [시작하기]를 클릭한 후 키보드의 스페이스바를 눌러 박쥐의 날개짓으로 장애물 사이를 통과하는 게임을 실행해 봅니다. 또한 벽 또는 장애물에 닿았을 경우 게임이 종료되는지 확인합니다.

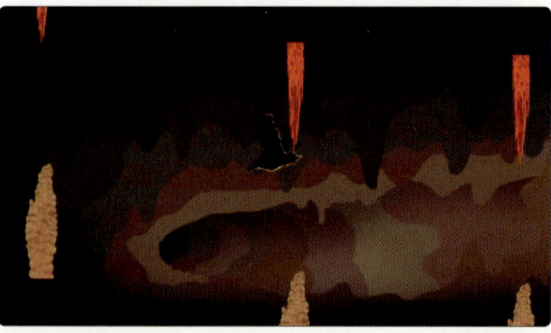

창의력 UPgrade

1 '장애물통과' 파일을 열고 아래의 조건에 따라 장애물 및 잠자리의 블록을 추가하여 게임을 완성해 보세요.

함수 만들기(1초마다 [숫자값] 점씩 점수 주기)
- 계속 반복하여 1초 기다렸다가 점수 변수에 [숫자값] 만큼 더합니다.

잠자리 오브젝트
- [시작하기]를 클릭했을 때 함수로 만든  블록을 이용하여 1초마다 10점씩 점수를 누적합니다.

장애물 오브젝트
- [시작하기]를 클릭했을 때 모양을 숨긴 후 계속 반복하여 아래의 기능을 실행합니다.
  – 자신의 복제본을 만든 후 1부터 1.3사이의 무작위 수 초 동안 기다립니다.
- 복제본이 처음 생성되었을 때 아래의 기능을 실행합니다.
  – 장애물 복제본을 실행 화면의 가장 오른쪽 임의의 위치(x:240, y:-60부터 60사이의 무작위 수)로 이동한 후 장애물 모양을 보입니다.
  – 계속 반복하여 아래의 기능을 실행합니다.
    ·· x좌표를 -2.5만큼 차감하여 복제된 장애물이 왼쪽으로 조금씩 이동하도록 만듭니다.
    ·· 만일 장애물의 x좌푯값이 -250보다 작다면 왼쪽 실행 화면에서 벗어났으므로 이 복제본을 삭제합니다.

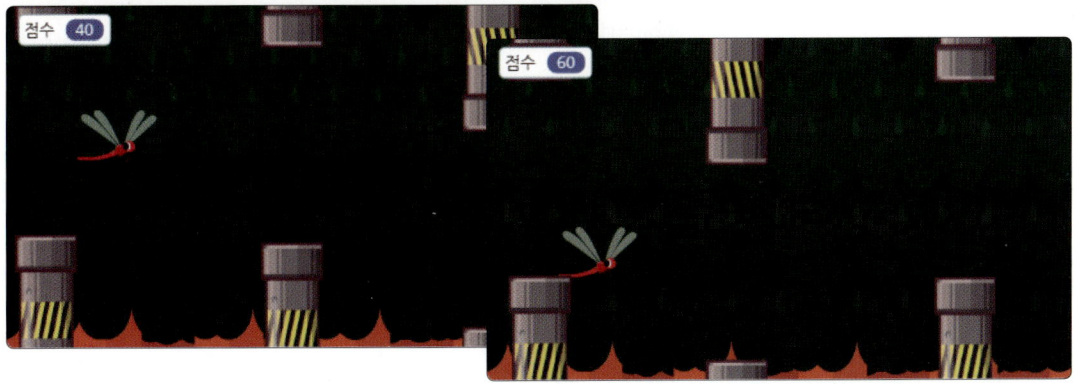

당구 게임 만들기

오늘의 놀이
- 당구공을 중심으로 큐대의 움직임을 만들어봅니다.
- 모양 게이지를 이용한 힘의 크기를 만들어봅니다.

 놀이 규칙

- 당구공을 이용하여 키보드의 방향키로 큐대를 움직여 홀 안에 당구공을 넣는 게임이다.

- 키보드의 스페이스키를 눌러 큐대로 당구공을 때리며, 홀 안에 공을 넣을 수 있다. 이 때, 모양 게이지의 크기에 따라 힘의 세기가 결정되어 당구공이 움직인다.

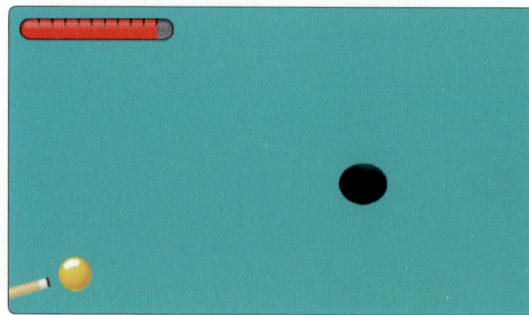
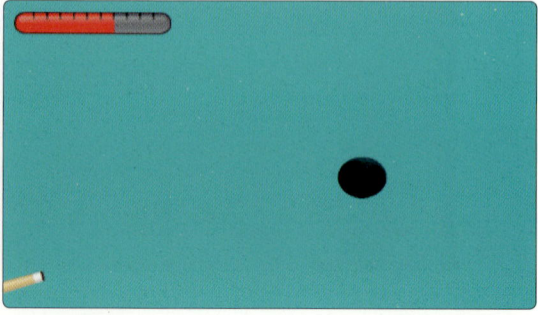

중첩 반복하기로 꿀벌의 꿀꿀 얻기

1. http://code.org의 [학생들]을 클릭합니다.
2. [과정E]를 클릭한 후 [8: 중첩 반복]의 1단계를 클릭합니다.
3. 화면 위쪽 설명을 이해한 후 블록을 이용, 작업 영역에 코딩을 연결하여 실행해 봅니다.
4. 1단계부터 13단계까지 단계별로 과정을 진행합니다.

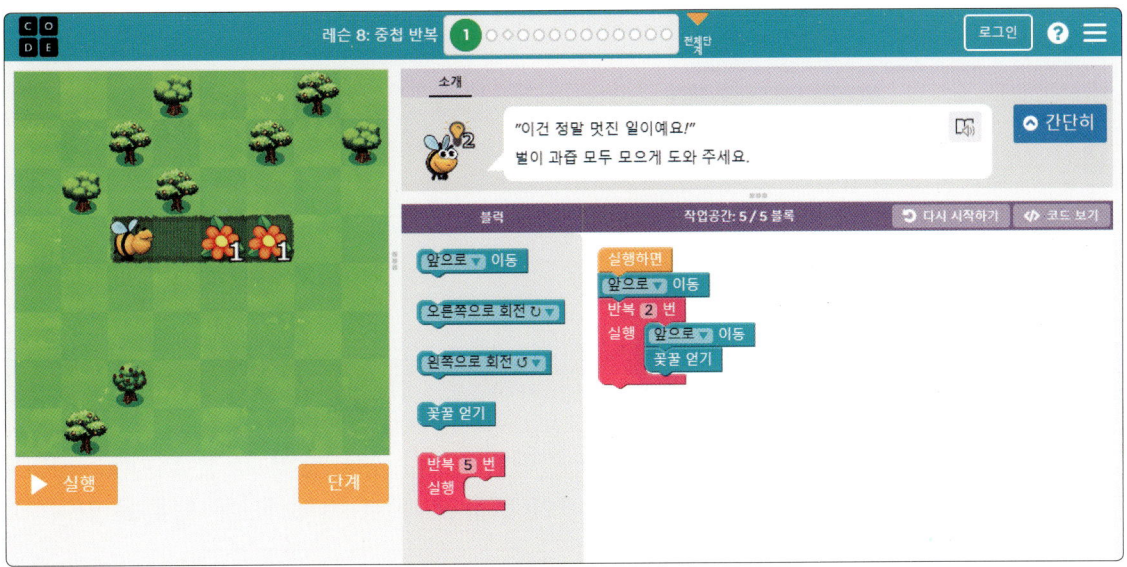

[9단계] 핵심 블록 알아보기

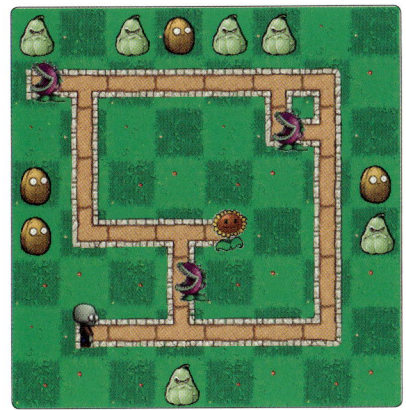

❶ 앞으로 이동을 5번 반복 후 왼쪽으로 회전합니다.
❷ ❶ 블록 묶음을 3번 반복합니다.

20장 · 당구 게임 만들기 **119**

Step 01 방향 및 힘 변수 만들기

1 '당구게임' 파일을 열고 [속성] 탭에서 **신호(때리기) 및 변수(방향, 힘)를 생성**한 후 방향과 힘 변수를 실행 창에서 숨깁니다.

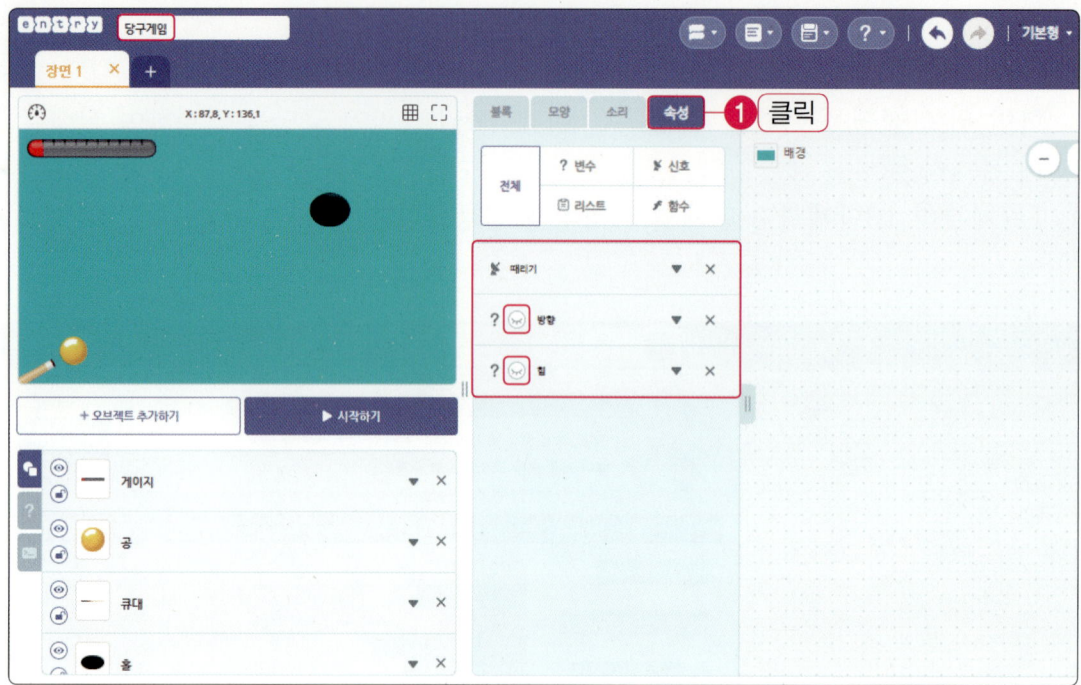

2 **홀 오브젝트**의 [블록] 탭에서 [시작하기]를 클릭했을 때 실행 창의 특정 위치(x: -100부터 200사이의 무작위 수, y: -100부터 130사이의 무작위 수)로 이동하도록 **블록을 코딩**합니다.

[시작하기]를 클릭했을 때 아래의 기능을 실행합니다.
- 홀 오브젝트를 실행 창에서 임의의 위치(x:-100부터 200사이의 무작위 수, y:-100부터 130사이의 무작위 수)로 이동합니다.

Step 02 · 큐대의 움직임 및 게이지로 힘의 크기 만들기

1 **큐대 오브젝트**의 [블록] 탭에서 왼쪽 및 오른쪽 방향키에 따른 방향 회전과 특정(스페이스) 키를 눌렀을 때 큐대로 공을 때리는 동작을 **블록으로 코딩**합니다.

왼쪽 화살표키를 눌렀을 때 왼쪽 방향으로 2°만큼 회전(방향을 −2°만큼 회전)합니다.

오른쪽 화살표키를 눌렀을 때 오른쪽 방향으로 2°만큼 회전(방향을 2°만큼 회전)합니다.

스페이스키를 눌렀을 때 아래의 기능을 실행합니다.
- 방향을 큐대의 방향으로 정합니다.
- 10번 반복하여 이동 방향으로 −5만큼 움직입니다.
  (당구공을 기준으로 큐대를 뒤로 움직이는 동작)
- 12번 반복하여 이동 방향으로 5만큼 움직입니다.
  (당구공을 기준으로 큐대를 앞으로 움직여 맞추는 동작)
- 이동 방향으로 −10만큼 움직입니다.
  (당구공을 맞춘 후 뒤로 약간 움직이는 동작)
- [때리기] 신호를 보냅니다.

2 **게이지 오브젝트**의 [블록] 탭에서 [시작하기]를 클릭했을 때 게이지의 모양이 0.1초 단위로 계속 바뀌다가 특정 키를 눌렀을 때 게이지의 모양에 따른 값을 힘의 변수에 넣을 수 있도록 **블록을 코딩**합니다.

[시작하기]를 클릭했을 때 아래의 기능을 실행합니다.
- 힘 변수의 값을 0으로 정합니다.
- 게이지의 모양을 게이지01 모양으로 바꿉니다.
- 스페이스키를 누를 때까지 반복하여 게이지의 모양을 다음 모양으로 바꾸고 0.1초를 기다립니다.
- 힘 변수의 값을 (게이지의 모양 번호 * 10)의 값으로 계산하여 넣습니다.

Step 03 방향 및 힘 변수를 이용한 공의 움직임 만들기

1 **공 오브젝트**의 [블록] 탭에서 때리기 신호를 받았을 때 방향을 정하고 힘의 값만큼 반복하여 공이 이동하도록 **블록을 코딩**합니다.

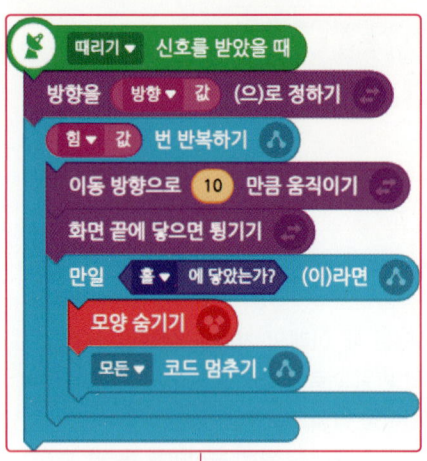

[때리기] 신호를 받았을 때 아래의 기능을 실행합니다.
- 공의 방향을 방향 변수의 값으로 정합니다.
- 힘의 값만큼 반복하여 아래의 기능을 실행합니다.
  ·· 이동 방향으로 10만큼 움직이며, 화면 끝에 닿으면 튕깁니다.
  ·· 만일 홀에 닿았을 경우 모양을 숨기고 모든 코드를 멈추어 게임을 종료합니다.

2 **[시작하기]를 클릭**한 후 왼쪽 및 오른쪽 방향키로 큐대를 움직여 공의 방향을 정하고 게이지의 모양 크기가 클 때 키보드의 스페이스키를 눌러 공의 힘을 지정, 홀 안에 공을 넣어 봅니다.

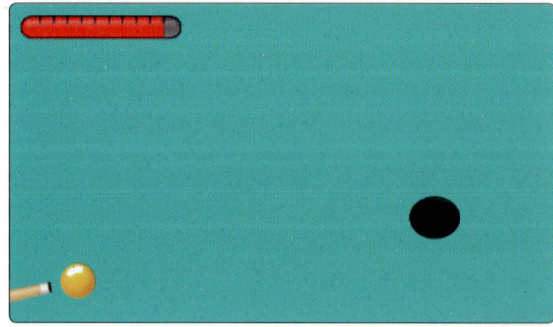 

1 '골프게임' 파일을 열고 골프채를 이용하여 골프공을 홀 안으로 넣는 게임을 만들어 보세요.

홀 오브젝트

- [시작하기]를 클릭했을 때 홀을 실행 창에서 임의의 위치(x:-200부터 0사이의 무작위 수, y:-130부터 100사이의 무작위 수)로 이동합니다.

공 오브젝트

- [때리기] 신호를 받았을 때 아래의 기능을 실행합니다.
  - 방향을 방향 변수의 값으로 정합니다.
  - 힘의 값만큼 반복하여 아래의 기능을 실행합니다.
    .. 만일 벽 또는 홀에 닿았을 경우 공의 모양을 숨긴 후 1초 기다렸다가 처음부터 다시 실행합니다.

20장 · 당구 게임 만들기 **123**

활쏘기 게임 만들기

오늘의 놀이
- 움직이는 점수판과 마우스를 따라 다니는 선수를 만들어봅니다.
- 활을 발사하여 점수판에 맞을 때 점수 측정 방법을 알아봅니다.

🕹 놀이 규칙

- 마우스를 따라 상하로 움직이는 양궁 선수가 활을 발사하여 점수판을 맞추는 게임이다.

- 키보드의 스페이스키를 눌러 화살을 발사하며 점수판을 맞출 수 있다. 이 때, 모양 게이지의 크기에 따라 힘의 세기가 결정되어 화살이 움직인다.

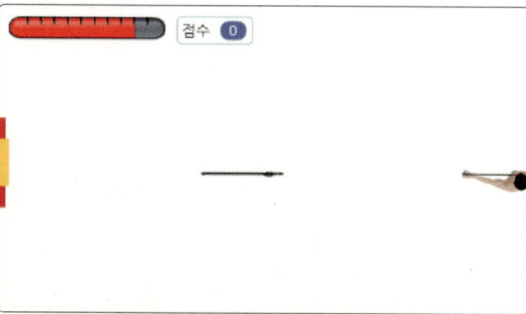

온라인 퍼즐로 다람쥐의 도토리 얻기

1. http://code.org의 [학생들]을 클릭합니다.
2. [과정E]를 클릭한 후 [11: 온라인 퍼즐 소개]의 2단계를 클릭합니다.
3. 화면 위쪽 설명을 이해한 후 블록을 이용, 작업 영역에 코딩을 연결하여 실행해 봅니다.
4. 1단계부터 15단계까지 단계별로 과정을 진행합니다.

[11단계] 핵심 블록 알아보기

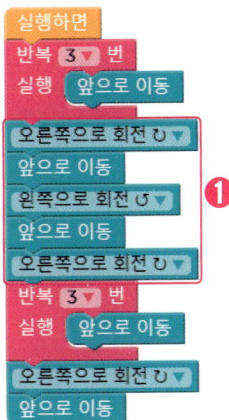

❶ 아래 블록을 순서대로 실행합니다.
- 오른쪽으로 회전합니다.
- 앞으로 이동합니다.
- 왼쪽으로 회전합니다.
- 앞으로 이동합니다.
- 오른쪽으로 회전합니다.

21장 · 활쏘기 게임 만들기 **125**

Step 01 힘 및 점수 변수 만들기

1 '양궁게임' 파일을 열고 [속성] 탭에서 **신호(결과) 및 변수(점수, 힘)를 생성**하고 힘 변수는 실행 화면에서 숨기고 점수 변수를 실행 화면의 게이지 모양 옆에 위치하도록 **배치**합니다.

2 **90점 오브젝트**의 [블록] 탭에서 [시작하기]를 클릭했을 때 90점 점수판이 실행 화면 왼쪽의 임의의 위치로 이동하도록 **블록을 코딩**합니다.

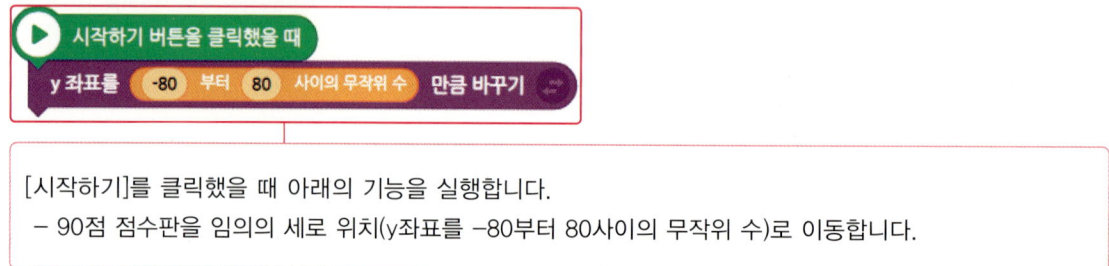

[시작하기]를 클릭했을 때 아래의 기능을 실행합니다.
- 90점 점수판을 임의의 세로 위치(y좌표를 -80부터 80사이의 무작위 수)로 이동합니다.

3 **100점 오브젝트**의 [블록] 탭에서 같은 방법으로 100점의 점수판이 90점 점수판의 위치로 이동하여 같이 움직이도록 **블록을 코딩**합니다.

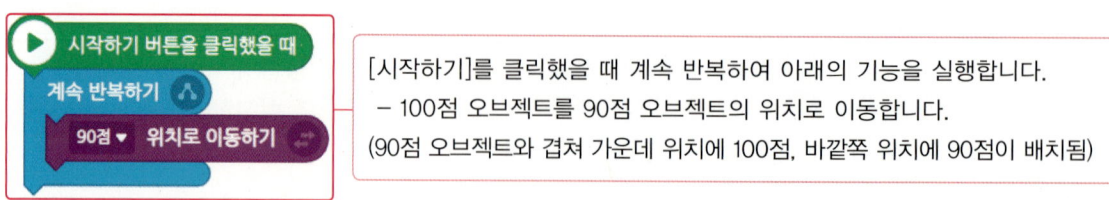

[시작하기]를 클릭했을 때 계속 반복하여 아래의 기능을 실행합니다.
- 100점 오브젝트를 90점 오브젝트의 위치로 이동합니다.
(90점 오브젝트와 겹쳐 가운데 위치에 100점, 바깥쪽 위치에 90점이 배치됨)

Step 02 게이지 및 마우스를 따라 다니는 양궁선수 만들기

1 **게이지 오브젝트**의 [블록] 탭에서 [시작하기]를 클릭했을 때 반복해서 바뀌는 게이지의 모양에 따라 힘의 값을 만들어 지정하기 위해 다음과 같이 **블록을 코딩**합니다.

[시작하기]를 클릭했을 때 아래의 기능을 실행합니다.
- 힘 변수의 값을 0으로 정합니다.
- 게이지의 모양을 게이지01 모양으로 바꿉니다.
- 스페이스키를 누를 때까지 계속 반복하여 0.1초 기다렸다가 다음 모양으로 모양을 바꿉니다.
- 힘 변수의 값을 (게이지의 모양 번호 * 5)의 값으로 계산하여 넣습니다.

2 **양궁선수 오브젝트**의 [블록] 탭에서 [시작하기]를 클릭했을 때 반복하여 마우스 포인터의 y좌표를 따라 다니도록 **블록을 코딩**합니다.

[시작하기]를 클릭했을 때 계속 반복하여 아래의 기능을 실행합니다.
- 양궁선수 오브젝트의 세로 위치(y:마우스 Y좌표)를 이동합니다.

21장 • 활쏘기 게임 만들기

Step 03 화살의 움직임 및 발사 만들기

1 **화살 오브젝트**의 [블록] 탭에서 화살이 마우스의 y좌표를 따라 다니다가 특정(스페이스) 키를 누르면 마우스의 y좌표를 따라 다니지 않고 힘 변수의 값만큼 반복하여 이동 방향으로 이동, 과녁을 맞추는 **블록 코딩을 작성**합니다.

```
시작하기 버튼을 클릭했을 때
계속 반복하기
    y: 마우스 y▼ 좌표 위치로 이동하기
```

[시작하기]를 클릭했을 때 계속 반복하여 아래의 기능을 실행합니다.
– 화살 오브젝트의 세로 위치(y:마우스 Y좌표)를 이동합니다.

```
스페이스▼ 키를 눌렀을 때
자신의 다른▼ 코드 멈추기
0.2 초 기다리기
힘▼ 값 번 반복하기
    이동 방향으로 10 만큼 움직이기
    만일 100점▼ 에 닿았는가? (이)라면
        도장 찍기
        점수▼ 를 100 (으)로 정하기
        모양 숨기기
    만일 90점▼ 에 닿았는가? (이)라면
        도장 찍기
        점수▼ 를 90 (으)로 정하기
        모양 숨기기
2 초 기다리기
처음부터 다시 실행하기
```

스페이스키를 눌렀을 때 아래의 기능을 실행합니다.
 – 자신의 다른 코드를 멈춥니다.
   (마우스의 y좌표 위치로 이동을 멈추기 위함)
 – 0.2초를 기다립니다.
 – 힘의 값만큼 반복하여 아래의 기능을 실행합니다.
  ‥ 이동 방향으로 10만큼 움직입니다.
  ‥ 만일 100점에 닿았을 경우 화살 오브젝트를 도장찍고 점수를 100으로 정한 후 모양을 숨깁니다.
  ‥ 만일 90점에 닿았을 경우 화살 오브젝트를 도장찍고 점수를 90으로 정한 후 모양을 숨깁니다.
  ‥ 2초를 기다렸다가 처음부터 다시 실행합니다.

2 **[시작하기]를 클릭**한 후 마우스 포인터의 y좌표를 따라 다니는 양궁선수와 화살에서 게이지의 모양에 따라 특정키(스페이스바)를 눌러 해당 게이지 만큼의 힘으로 화살이 발사, 과녁을 맞춰봅니다.

1 '컬링게임' 파일을 열고 아래의 조건에 따라 컬링 게임을 완성해 보세요.

스톤방향 오브젝트

- 위쪽 화살표키를 눌렀을 때 방향을 2°만큼 회전합니다.
- 아래쪽 화살표키를 눌렀을 때 방향을 –2°만큼 회전합니다.
- 스페이스키를 눌렀을 때 방향 변수에 스톤방향의 방향 값을 넣습니다.

스톤 오브젝트

- 스페이스키를 눌렀을 때 아래의 기능을 실행합니다.
  - 0.2초 기다렸다가 방향을 방향 변수의 값으로 정합니다.
  - 힘의 값만큼 반복하여 아래의 기능을 실행합니다.
    ‥ 이동 방향으로 10만큼 움직입니다.
    ‥ 만일 10점에 닿았을 경우 점수 변수의 값을 10으로 정합니다. 그렇지 않고 만일 9점에 닿았을 경우 점수 변수의 값을 9로 정합니다. 그렇지 않고 만일 8점에 닿았을 경우 점수 변수의 값을 8로 정합니다. 모두 그렇지 않으면 점수 변수의 값을 0으로 정합니다.
  - 2초를 기다렸다가 처음부터 다시 실행합니다.

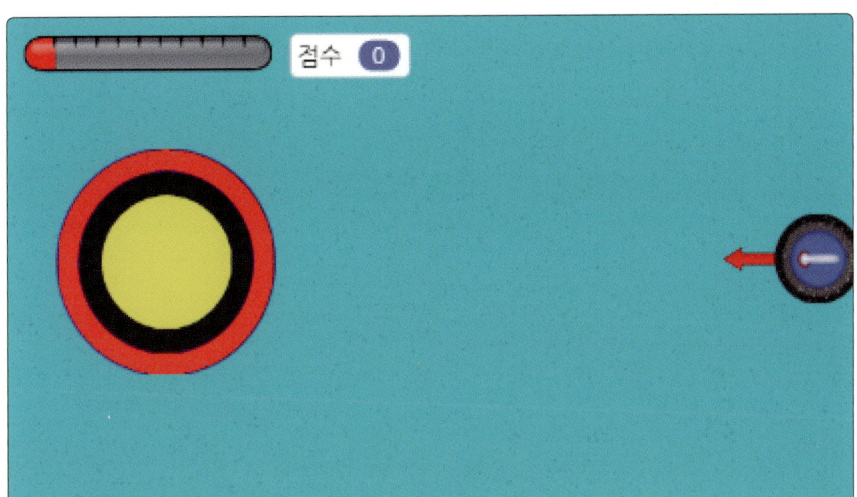

Chapter 22 클레이사격 게임 만들기

오늘의 놀이
- 하늘로 던져지는 원판을 만드는 방법에 대해 알아봅니다.
- 총의 방향 회전 및 총알을 발사하는 방법을 알아봅니다.

 놀이 규칙

- 하늘에서 지나가는 원판을 방향키로 총을 움직여 특정(스페이스)키를 눌러 총을 발사, 원판을 맞추는 게임이다.
- 총의 발사 개수는 관계 없이 원판이 지나갈 때 여러 발을 사용할 수 있다.

농부 내 조건으로 흙 더미 치우기

1. http://code.org의 [학생들]을 클릭합니다.
2. [과정E]를 클릭한 후 [12: 농부 내 조건]의 2단계를 클릭합니다.
3. 화면 위쪽 설명을 이해한 후 블록을 이용, 작업 영역에 코딩을 연결하여 실행해 봅니다.
4. 1단계부터 12단계까지 단계별로 과정을 진행합니다.

[7단계] 핵심 블록 알아보기

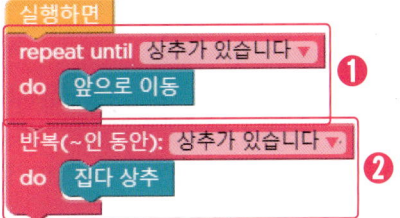

❶ 상추가 있는 곳에 도착할 동안 앞으로 이동합니다.
❷ 상추가 없어질 때까지 반복하여 집습니다.

22장 • 클레이사격 게임 만들기 **131**

Step 01 신호 및 변수와 총의 움직임 만들기

1 '클레이사격' 파일을 열고 [속성] 탭에서 **신호(사격) 및 변수(방향)를 생성**한 다음 실행 창에서 숨깁니다.

2 총 오브젝트의 [블록] 탭에서 왼쪽 및 오른쪽 화살표키에 따른 방향 회전과 스페이스키를 눌렀을 때 총의 방향값을 방향 변수에 넣은 후 신호를 보내기 위한 **블록을 코딩**합니다.

[시작하기]를 클릭했을 때 계속 반복하여 아래의 기능을 실행합니다.
- 만일 왼쪽 화살표키를 눌렀을 경우 왼쪽 방향으로 3°만큼(방향을 -3° 만큼 회전) 회전합니다.
- 만일 오른쪽 화살표키를 눌렀을 경우 오른쪽 방향으로 3°만큼(방향을 3° 만큼 회전) 회전합니다.

스페이스키를 눌렀을 때 아래의 기능을 실행합니다.
- 방향 변수의 값을 총의 방향으로 정합니다.
- [사격] 신호를 보냅니다.

Step 02 원판의 움직임 만들기

1 **원판 오브젝트**의 [블록] 탭에서 원판의 움직임 및 총알에 맞았을 때의 모양 변경 등을 **블록을 이용하여 코딩**합니다.

```
시작하기 버튼을 클릭했을 때
계속 반복하기
    1 초 동안 x: 5 y: 110 위치로 이동하기
    1 초 동안 x: -250 y: 40 위치로 이동하기
    모양 숨기기
    x: 260 y: 20 위치로 이동하기
    모양 보이기
```

[시작하기]를 클릭했을 때 계속 반복하여 아래의 기능을 실행합니다.
- 1초 동안 실행 화면의 가운데 위쪽 위치(x:0, y:110)로 이동합니다.
- 1초 동안 실행 화면의 왼쪽 위치(x:-250, y:40)로 이동합니다.
- 모양을 숨겼다가 원판을 처음에 있던 오른쪽 위치(x:260, y:20)로 이동합니다.
- 원판의 모양을 보입니다.

```
시작하기 버튼을 클릭했을 때
계속 반복하기
    원판-정상▼ 모양으로 바꾸기
    만일 총알▼ 에 닿았는가? (이)라면
        원판-깨짐▼ 모양으로 바꾸기
        0.2 초 기다리기
        모양 숨기기
```

[시작하기]를 클릭했을 때 계속 반복하여 아래의 기능을 실행합니다.
- 원판의 모양을 원판-정상 모양으로 바꿉니다.
- 만일 원판이 총알에 닿았을 경우 원판의 모양을 원판-깨짐 모양으로 바꾼 후 0.2초 기다렸다가 모양을 숨깁니다.

Step 03 총알의 움직임 만들기

1 **총알 오브젝트**의 [블록] 탭에서 사격 신호를 받았을 때 총의 방향과 같은 방향으로 총알이 발사되며, 벽에 닿으면 다시 총의 위치로 돌아오도록 **블록을 코딩**합니다.

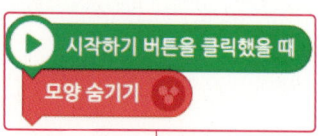

[시작하기]를 클릭했을 때 총알의 모양을 숨깁니다.

[사격] 신호를 받았을 때 아래의 기능을 실행합니다.
- 총알의 모양을 보입니다.
- 방향을 방향 변수의 값으로 정합니다.
- 계속 반복하여 아래의 기능을 실행합니다.
  ·· 이동 방향으로 10만큼 움직입니다.
  ·· 만일 벽에 닿았을 경우 총의 위치로 이동한 후 반복을 중단합니다.

2 [시작하기]를 클릭한 후 왼쪽 및 오른쪽 방향키를 이용하여 총을 움직이고 스페이스키를 눌러 총알을 발사, 원판을 맞추는 게임을 시작해 봅니다.

1 '딸기사격' 파일을 열고 아래의 조건에 따라 사격 게임을 만들어 보세요.

딸기 오브젝트

- [시작하기]를 클릭했을 때 계속 반복하여 아래의 기능을 실행합니다.
  - 1부터 1.5사이의 무작위 수 초 동안 실행 화면의 가운데 위쪽 위치(x:0, y:110)로 이동합니다.
  - 1부터 1.5사이의 무작위 수 초 동안 실행 화면의 오른쪽 위치(x:250, y:40)로 이동합니다.
  - 모양을 숨겼다가 딸기를 처음에 있던 왼쪽 위치(x:-250, y:0)로 이동합니다.
  - 딸기의 모양을 보입니다.

- [시작하기]를 클릭했을 때 계속 반복하여 아래의 기능을 실행합니다.
  - 딸기의 모양을 딸기-정상 모양으로 바꿉니다.
  - 만일 딸기가 총알에 닿았을 경우 딸기의 모양을 딸기-터짐 모양으로 바꾼 후 0.2초 기다렸다가 모양을 숨깁니다.

Chapter 23 사격 점수 올리기 게임 만들기

오늘의 놀이
- 목표물을 맞출 때의 점수 누적 방법을 알아봅니다.
- 초시계를 이용한 게임 시간의 설정 방법을 알아봅니다.

 놀이 규칙

- 초시계를 이용하여 60초 시간 동안 원판 및 딸기 목표물을 맞춰 점수를 누적하는 게임이다.
- 원판을 맞추면 10점, 딸기를 맞추면 50점씩 누적되며 60초가 경과되면 게임이 종료된다.

이벤트 동작으로 플레이 랩 게임 만들기

1. http://code.org의 [학생들]을 클릭합니다.
2. [과정E]를 클릭한 후 [20: 플레이 랩 게임 만들기]의 1단계를 클릭합니다.
3. 화면 위쪽 설명을 이해한 후 블록을 이용, 작업 영역에 코딩을 연결하여 실행해 봅니다.
4. 1단계부터 4단계까지 단계별로 과정을 진행합니다.

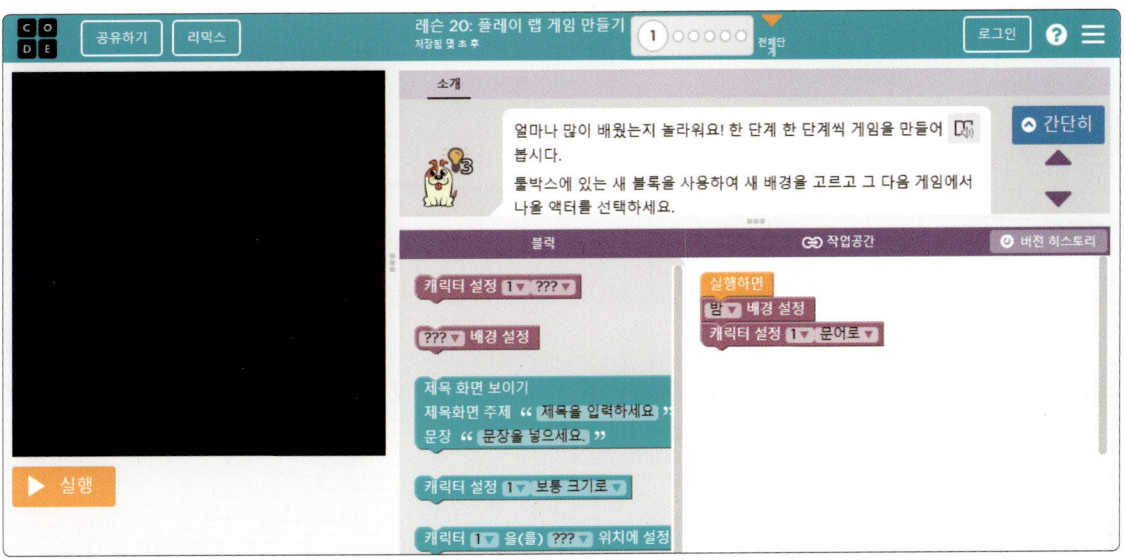

[2단계] 핵심 블록 알아보기

❶ 방향키에 따라 다음 동작을 실행합니다.
- 위쪽 방향키를 누르면 캐릭터가 위로 1만큼 움직입니다.
- 아래쪽 방향키를 누르면 캐릭터가 아래로 1만큼 움직입니다.
- 왼쪽 방향키를 누르면 캐릭터가 왼쪽으로 1만큼 움직입니다.
- 오른쪽 방향키를 누르면 캐릭터가 오른쪽으로 1만큼 움직입니다.

23장 · 사격 점수 올리기 게임 만들기

Step 01 원판의 움직임 및 점수 만들기

1 '사격게임' 파일을 열고 [속성] 탭에서 **신호(사격) 및 변수(점수, 방향)를 추가**한 후 **방향 변수를 숨기고 점수 변수를 원하는 위치에 배치**합니다.

2 **원판 오브젝트**의 [블록] 탭에서 [시작하기]를 클릭했을 때 원판의 움직임 및 총알에 맞았을 때의 모양 변경과 점수 누적을 **블록으로 코딩**합니다.

[시작하기]를 클릭했을 때 계속 반복하여 아래의 기능을 실행합니다.
- 1초 동안 원판을 실행 화면의 가운데 위쪽 위치(x:0, y:110)로 이동합니다.
- 1초 동안 원판을 실행 화면의 왼쪽 위치(x:-250, y:40)로 이동합니다.
- 원판의 모양을 숨긴 후 실행 화면의 처음 위치(x:260, y:20)로 이동한 다음 원판 모양을 보입니다.

[시작하기]를 클릭했을 때 계속 반복하여 아래의 기능을 실행합니다.
- 원판의 모양을 원판-정상 모양으로 바꿉니다.
- 만일 원판이 총알에 닿았을 경우 점수에 10을 더하고 원판의 모양을 원판-깨짐 모양으로 바꾼 다음 0.2초를 기다렸다가 원판 모양을 숨깁니다.

138 코딩놀이(4) · 엔트리

Step 02 딸기의 움직임 및 점수 만들기

1 **딸기 오브젝트**의 [블록] 탭에서 [시작하기]를 클릭했을 때 딸기의 움직임 및 총알에 맞았을 때의 모양 변경과 점수 누적을 **블록으로 코딩**합니다.

```
시작하기 버튼을 클릭했을 때
계속 반복하기
    0.5 부터 1.5 사이의 무작위 수 초 동안 x: 0 y: 110 위치로 이동하기
    0.5 부터 1.5 사이의 무작위 수 초 동안 x: 260 y: 40 위치로 이동하기
    모양 숨기기
    x: -260 y: 20 위치로 이동하기
    모양 보이기
```

[시작하기]를 클릭했을 때 계속 반복하여 아래의 기능을 실행합니다.
- 0.5부터 1.5사이의 무작위 수 초 동안 실행 화면의 가운데 위쪽 위치(x:0, y:110)로 이동합니다.
- 0.5부터 1.5사이의 무작위 수 초 동안 실행 화면의 오른쪽 위치(x:260, y:40)로 이동합니다.
- 모양을 숨겼다가 딸기를 처음에 있던 왼쪽 위치(x:-260, y:20)로 이동합니다.
- 딸기의 모양을 보입니다.

```
시작하기 버튼을 클릭했을 때
계속 반복하기
    딸기-정상 ▼ 모양으로 바꾸기
    만일 총알 ▼ 에 닿았는가? (이)라면
        점수 ▼ 에 50 만큼 더하기
        딸기-터짐 ▼ 모양으로 바꾸기
        0.2 초 기다리기
        모양 숨기기
```

[시작하기]를 클릭했을 때 계속 반복하여 아래의 기능을 실행합니다.
- 딸기의 모양을 딸기-정상 모양으로 바꿉니다.
- 만일 딸기가 총알에 닿았을 경우 점수에 50을 더하고 딸기의 모양을 딸기-터짐 모양으로 바꾼 후 0.2초 기다렸다가 모양을 숨깁니다.

Step 03 초시계를 이용한 시간 설정으로 게임 종료 만들기

1 **딸기 오브젝트**의 [블록] 탭에서 초시계를 이용하여 60초가 경과되면 게임이 종료되도록 다음과 같이 **블록을 코딩**합니다.

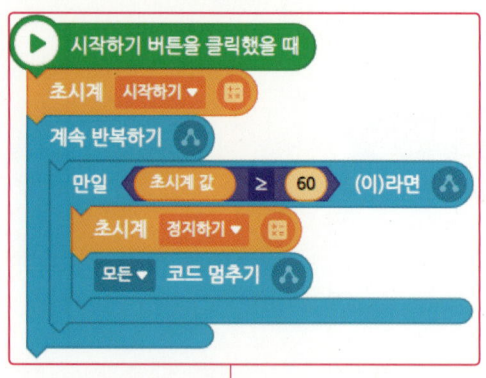

[시작하기]를 클릭했을 때 아래의 기능을 실행합니다.
– 초시계를 시작합니다.
– 계속 반복하여 아래의 기능을 실행합니다.
  ·· 만일 초시계의 값이 60 이상일 경우 초시계를 정지하고 모든 코드를 멈추어 게임을 종료합니다.

2 실행 창에서 **초시계의 위치를 지정**한 후 [시작하기]를 **클릭**하여 사격 게임을 실행해 봅니다.

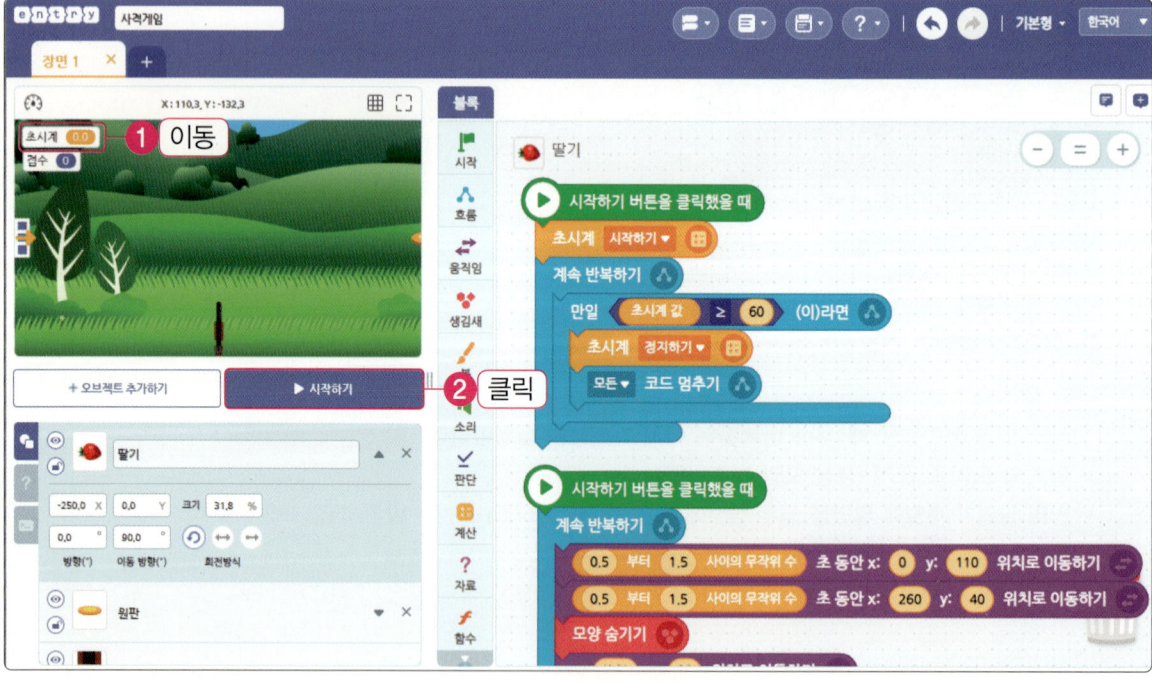

1 '제한사격' 파일을 열고 아래의 조건에 따라 사격 게임을 만들어 보세요.

변수 만들기(횟수)

- 횟수 변수를 생성하고 변수 보이기를 통해 실행 화면의 점수 위에 배치합니다.

총알 오브젝트

- [사격] 신호를 받았을 때 아래의 기능을 실행합니다.
  - 총알의 모양을 보이고 횟수 변수의 값에 1만큼 차감합니다.
  - 방향을 방향 변수의 값으로 정합니다.
  - 계속 반복하여 아래의 기능을 실행합니다.
    - ‥ 이동 방향으로 10만큼 움직입니다.
    - ‥ 만일 벽에 닿았을 경우 총 위치로 이동한 후 반복을 중단합니다.
- [시작하기]를 클릭했을 때 계속 반복하여 아래의 기능을 실행합니다.
  - 만일 횟수의 값이 0보다 작을 경우 모든 코드를 멈추어 게임을 종료합니다.

로켓 발사하기

로켓 발사하기

아래 보이는 실행 장면과 같이 자동으로 크기가 변경되는 게이지의 모양에 따라 게이지의 크기가 클 때 특정(스페이스)키를 눌러 해당 에너지에 따라 로켓이 발사되거나 그렇지 않고 실패하는 게임 프로그램을 만들려고 합니다.

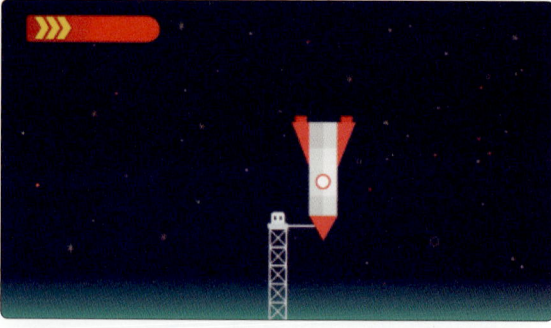

▲ 에너지 게이지가 8 이하의 크기에서 로켓을 발사하여 실패하는 장면

▲ 에너지 게이지가 8을 초과하는 크기에서 로켓을 발사하여 성공하는 장면

[샘플] 로켓 발사하기 게임 코딩하기

함수 만들기

- 성공 함수 정의하기(만들기)
  - 로켓의 모양을 로켓_2 모양으로 바꾼 후 0.5초 기다렸다가 로켓_4 모양으로 바꿉니다.
  - 1초 동안 실행 화면 위쪽 위치(x:40, y:200)로 이동한 후 모양을 숨깁니다.
- 실패 함수 정의하기(만들기)
  - 로켓의 모양을 로켓_2 모양으로 바꾼 후 0.5초 기다렸다가 로켓_4 모양으로 바꿉니다.
  - 0.5초 동안 실행 화면의 약간 위쪽 위치(x:40, y:50)로 이동합니다.
  - 방향을 180°로 정한 후 모양을 로켓_1 모양으로 바꿉니다.
  - 0.5초 동안 실행 화면의 아래쪽 위치(x:40, y:-80)으로 이동한 후 모양을 숨깁니다.

로켓 오브젝트

- [시작하기]를 클릭했을 때 아래의 기능을 실행합니다.
  - 로켓의 모양을 보입니다.
  - 로켓의 발사 전 위치(x:40, y:-80)로 이동합니다.
- 스페이스키를 눌렀을 때 아래의 기능을 실행합니다.
  - 로켓의 모양을 로켓_1 모양으로 바꾸고 0.5초를 기다립니다.
  - 만일 힘의 값이 8보다 클 경우 성공 함수 블록을 실행하고 그렇지 않으면 실패 함수 블록을 실행합니다.
  - 1초를 기다렸다가 처음부터 다시 실행합니다.

게이지 오브젝트

- [시작하기]를 클릭했을 때 아래의 기능을 실행합니다.
  - 힘 변수의 값을 0으로 정합니다.
  - 게이지 모양을 게이지01 모양으로 바꿉니다.
  - 스페이스키가 눌러졌을 때까지 모양을 다음 모양으로 바꾸고 0.1초 기다리기를 반복합니다.
  - 힘 변수의 값을 게이지의 모양번호로 정합니다.

유명인사들이 주목하는 코딩교육

오바마 미국 대통령

컴퓨터 과학을 배우는 것은 우리 나라의 미래를 위해 중요한 일입니다.

스티브 잡스

모든 사람들이 코딩을 배워야 합니다. 코딩은 생각하는 법을 가르쳐 주기 때문입니다.

빌게이츠

컴퓨터 프로그래밍은 사고의 범위를 넓혀주고 더 나은 생각을 할 수 있게 하며 분야와 상관없이 모든 문제에 새로운 해결책을 생각할 수 있는 힘을 길러줍니다.

마크 저커버그

앞으로 15년안에 우리는 읽고, 쓰는 것처럼 프로그래밍을 가르치게 될 것입니다. 그리고 이걸 왜 이제야 시작했는지 후회하게 되겠죠.